Hilfen zur Verbesserung
der Methodenkompetenz

Selbstlernkurs
Persönliches Veränderungsmanagement

Bibliografische Information der Deutschen Bibliothek

Die Deutsche Bibliothek verzeichnet diese Publikation in der Deutschen Nationalbibliografie; detaillierte bibliografische Informationen sind im Internet über http://dnb.ddb.de abrufbar.

ISBN 978-3-89749-950-8

Autoren: Dr. Rolf Meier, Elisabeth Späth
Umschlaggestaltung: Hellmund
Grafiken: Transfer GmbH, Hürth
Satz und Layout: Transfer GmbH, Hürth
Druck und Bindung: Salzland Druck, Staßfurt

2009 Gabal Verlag, Offenbach am Main
2. Auflage 2013

Alle Rechte vorbehalten. Vervielfältigung, auch auszugsweise, nur mit schriftlicher Genehmigung des Verlages.

www.gabal-verlag.de – More success for you!

Inhalt

Ein Wort zu Beginn 4
Einschätzungshilfe 6
Schritt 1: Veränderungen angehen **8**
    Erwartungen überprüfen 8
    Dinge angehen 9
    Schlechte Gewohnheiten los werden 10
    Vorhaben auswählen 11
Schritt 2: Persönliche Ziele setzen **13**
    Wunschzettel erstellen 14
    Triebfedern analysieren 15
    Überholte Ziele aufgeben 19
    Ziele finden 20
    Auf attraktive Ziele setzen 22
    Veränderung mental angehen 23
Schritt 3: Erfolgsaussichten prüfen **25**
    Bedenken ernst nehmen 25
    Ziele hinterfragen 27
    Umsetzungschancen überprüfen 29
    Hemmnisse ermitteln 31
    Zielkonflikte klären 31
    Motivation überprüfen 32
    Grad der Selbstbestimmung überprüfen 34
    Ziele greifbar machen 37
Schritt 4: Erfolg planen **40**
    Wochen- und Tagesziele ableiten 40
    Raum zur Umsetzung schaffen 40
    Ablenkungen vermeiden 43
    Mit Anreizen arbeiten 43
    Umsetzungsplan erstellen 44
    Mit kleinen Schritten beginnen 46
    Gewohnheiten ersetzen 46
    Unterstützung suchen 49
Schritt 5: Erfolg absichern **51**
    Mit Ihrem größten Kritiker zurecht kommen 51
    Probleme bei der Umsetzung angehen 52
    Zielverfehlungen vermeiden 54
    Aus Rückschlägen Trittsteine machen 56
    Erfolg feiern 56
Lernkontrolle **58**
Fragen zum Verständnis **60**
Umsetzungshilfe **62**
Literatur **64**
Stichwortverzeichnis **65**
Glossar **67**

Ein Wort zu Beginn

Jeder von uns hat seine eigenen Wünsche, Vorstellungen, wie sein Leben aussehen sollte und wie es einmal sein wird, was er aus Ihrem Leben noch machen will.

Sie wollen erfolgreich sein, sich im Beruf profilieren, Sie wollen vorankommen. Sie wollen aber auch ein erfülltes Privatleben – Ihr Partner, Ihre Familie, Ihre Freunde und Ihre Hobbys sollen einen gebührenden Platz einnehmen.

Sicherlich haben Sie auch konkrete Vorstellungen, was Sie gerne ändern möchten. Sie möchten sich mehr bewegen, gesünder essen und abnehmen.

Vielleicht sind Veränderungen aber auch notwendig. Beispielsweise kann es passieren, dass Ihr Arzt Ihnen mitteilt, dass Ihre Cholesterinwerte zu hoch sind und Sie ermuntert, mehr Sport zu treiben.

Die Liste der Wünsche, die wir an uns selbst haben, ist oft lang. Wir müssten soviel anpacken, scheuen doch den Aufwand und zweifeln vielleicht auch, ob wir das auch wirklich schaffen.

Typische Veränderungswünsche		
Sie möchten gesünder leben	Sie möchten Ihrer Karriere einen Schub geben	Sie möchten sich einer neuen Herausforderung stellen
Sie möchten ein Zusatzstudium beginnen	Sie möchten sich auf eine Prüfung vorbereiten	Sie möchten sich selbstständig machen
Sie möchten sich das Rauchen abgewöhnen	Sie möchten regelmäßig Sport treiben	Sie möchten eine Fremdsprache lernen
Sie möchten endlich wieder schlank werden	Sie möchten sich bewusst ernähren	Sie möchten schlechte Gewohnheiten loswerden
Sie möchten ein altes Vorhaben umsetzen	Sie möchten einen neuen Lebensabschnitt beginnen	Sie möchten sich aus alten Zwängen befreien

Kurz gesagt: Sie haben viel vor. Um dies tatsächlich zu erreichen, müssen Sie Ihre Ziele bestimmen und diese Ziele systematisch verfolgen.

Denn Ziele gehen im Alltag oft verloren. Dann fehlt aber eine klare Perspektive, die im Alltag Orientierung gibt.

 Klaus Nowotny ist unzufrieden. Er arbeitet hart, gibt sich viel Mühe, versucht, in seinen Mitarbeitern ein guter Vorgesetzter zu sein – und trotzdem hat er den Eindruck, nicht die erhoffte Karriere zu machen. Schon mehrfach haben andere attraktive Gruppenleiterstellen bekommen und seine Beförderung lässt auch auf sich warten.

Genau betrachtet, ist es nicht verwunderlich, warum viele gute Vorsätze nie umgesetzt werden. Zu viel wird mit Enthusiasmus begonnen, aber wegen übertriebener Erwartungen und fehlender Konsequenz wieder aufgegeben. Schnell tauchen die ersten Probleme auf, die erhofften Erfolge lassen auf sich warten. Am Ende bleibt der Frust.

Vielleicht haben Sie auch schon mal einen Anlauf unternommen, ein bestimmtes Ziel zu erreichen – allerdings ohne den erhofften Erfolg. Das muss nicht so sein. Veränderungen lassen sich meistern – wenn Sie das Vorhaben klug planen und richtig angehen.

Systematisch an seinen Zielen zu arbeiten, alte Verhaltensmuster aufzugeben, ist nicht schwer. Es kommt nur auf die richtige Strategie an. Wichtig ist

- die richtigen Ziele zu finden
- die Erfolgsaussichten realistisch einzuschätzen
- Die richtige Herangehensweise zu wählen

- konsequent am Erfolg zu arbeiten
- die Motivation aufrecht zu erhalten
- Das Ziel nicht aus dem Auge zu verlieren
- Probleme mit dem inneren Schweinehund in den Griff zu bekommen.

 Denken Sie daran: Wenn man nicht weiß, wo man hin will, darf man sich auch nicht wundern, wo man ankommt. Nur mit klaren Zielen und nur, wenn Sie diese Ziele systematisch verfolgen, erreichen Sie, was Sie sich wünschen.

Die folgenden Piktogramme sollen Ihnen die Orientierung in diesem Selbstlernkurs erleichtern:

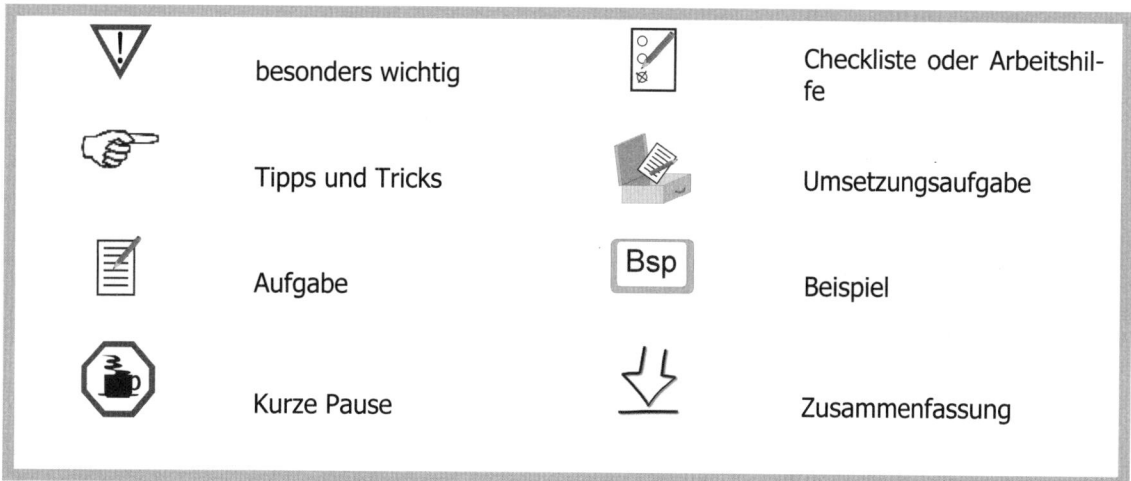

Falls Sie sich noch intensiver mit dem Thema auseinander setzen wollen: Hinter diesem Symbol ⌕ finden Sie nützliche Zusatzinformationen.

Wir dürfen Ihnen schon jetzt viel Spaß und viel Erfolg wünschen.

Einschätzungshilfe

Mit der folgenden Einschätzungshilfe können Sie eine erste Bestandsaufnahme vornehmen, wie Sie bisher mit Zielen gearbeitet und mit Veränderungen umgegangen sind. Bitte seien Sie selbstkritisch bei der Beantwortung der Fragen.

Einschätzungshilfe: Wie konsequent setzen Sie Vorhaben um?	nie	selten	manchmal	normalerweise	meistens	immer	Punkte
	0	1	2	3	4	5	
1. Wenn ich eine Veränderung angehe, mache ich mir erst einmal einen Plan, wie ich vorgehen will.	☐	☐	☐	☐	☐	☐	
2. Wenn ich etwas mache, dann richtig.	☐	☐	☐	☐	☐	☐	
3. Ich überprüfe bei meinen Vorhaben die Erfolgsaussichten.	☐	☐	☐	☐	☐	☐	
4. Ich gehe gerne Veränderungen zusammen mit anderen an.	☐	☐	☐	☐	☐	☐	
5. Ich analysiere Probleme und versuche daraus zu lernen.	☐	☐	☐	☐	☐	☐	
6. Ich bin immer offen für Neues.	☐	☐	☐	☐	☐	☐	
7. Ich plane langfristig.	☐	☐	☐	☐	☐	☐	
8. Ich weiß, wie ich mich selbst motivieren kann.	☐	☐	☐	☐	☐	☐	
9. Bei längerfristigen Vorhaben arbeite ich mit einem Umsetzungsplan.	☐	☐	☐	☐	☐	☐	
10. Probleme bei der Umsetzung kalkuliere ich ein.	☐	☐	☐	☐	☐	☐	
11. Feste Gewohnheiten pflege ich nur wenige.	☐	☐	☐	☐	☐	☐	
12. Ich achte auf Ziele, die mich motivieren.	☐	☐	☐	☐	☐	☐	
13. Ich überprüfe meine Ziele auf Zielkonflikte.	☐	☐	☐	☐	☐	☐	
14. Wenn ich etwas Großes angehe, arbeite ich mit Etappenzielen	☐	☐	☐	☐	☐	☐	
15. Ich gehe Probleme systematisch an.	☐	☐	☐	☐	☐	☐	
16. Mit systematischen Veränderungen habe ich gute Erfahrungen gemacht.	☐	☐	☐	☐	☐	☐	
17. Ich achte auf realistische Ziele.	☐	☐	☐	☐	☐	☐	
18. Veränderungsziele gehe ich mit Elan an.	☐	☐	☐	☐	☐	☐	
19. Ich belohne mich gerne selbst.	☐	☐	☐	☐	☐	☐	
20. Wenn ich mir etwas vornehme, setze ich es auch um.	☐	☐	☐	☐	☐	☐	

Persönliches Veränderungsmanagement — Einschätzungshilfe

Wenn Sie bei jeder Frage die Rubrik „immer" angekreuzt haben, dürfen wir Ihnen zu der Konsequenz gratulieren, mit der Sie Ihre Vorhaben umsetzen. Sie können dieses Heft eigentlich wieder aus der Hand legen. Dies wäre schön, ist aber unwahrscheinlich. Dazu werden bei Veränderungsvorhaben zu viele Fehler gemacht.

Nutzen Sie deshalb dieses Arbeitsheft, um es besser zu machen. Werten Sie Ihre Antworten im Detail aus und analysieren Sie, welche Verbesserungsmöglichkeiten es für Sie gibt. Das sollten auch die Punkte sein, die Sie als Erstes ändern.

Übertragen Sie dazu bitte die Punkte in folgende Tabelle und addieren Sie die Spalten:

Schritt 1		Schritt 2		Schritt 3		Schritt 4		Schritt 5	
1:		2:		3:		4:		5:	
6:		7:		8:		9:		10:	
11:		12:		13:		14:		15:	
16:		17:		18:		19:		20:	
Σ:		Σ:		Σ:		Σ:		Σ:	

Summe gesamt:

Wie viele Punkte haben Sie insgesamt erreicht?

0 bis 25 Punkte — Sie können Ihre Veränderungsvorhaben wesentlich erfolgversprechender gestalten. Fangen Sie möglichst sofort an und arbeiten Sie intensiv das ganze Arbeitsheft durch.

26 bis 50 Punkte — Sie werden im Heft viele Möglichkeiten finden, Ihre Zielmanagement und Ihr Umgang mit Veränderungen zu optimieren. Nutzen Sie sie.

51 bis 75 Punkte — Sie befinden sich im Durchschnitt. Wenn Sie zu denen gehören möchten, die systematisch und erfolgreich an Ihren Zielen arbeiten, konzentrieren Sie sich auf die Schritte mit der geringsten Punktzahl.

76 bis 100 Punkte — Ein Lob für Ihr Veränderungsmanagement. Ob Sie im Detail noch etwas verbessern können? Lesen Sie nach und sehen Sie sich die Checklisten an.

Dieses Arbeitsheft umfasst insgesamt fünf Einzelthemen (Schritte). In der Einschätzungshilfe wurden vier Fragen zu jedem Einzelthema gestellt. Deshalb können Sie auch überprüfen, welche Einzelthemen für Sie besonders wichtig sind. Kreuzen Sie dazu die Schritte an, bei denen Sie die wenigsten Punkte hatten:

(bitte ankreuzen)

Schritt 1	Schritt 2	Schritt 3	Schritt 4	Schritt 5
Veränderungen angehen	Persönliche Ziele setzen	Erfolgsaussichten prüfen	Erfolg planen	Erfolg absichern

Sie können nun in zweierlei Weise vorgehen:

1. Sie konzentrieren sich auf die Aspekte, bei denen der größte Verbesserungsbedarf besteht. Legen Sie dabei besonderen Wert auf die Umsetzung des Gelernten.

2. Sie lesen das Arbeitsheft Schritt für Schritt durch. Auch hierbei können Sie besonders auf die Dinge achten, die es wert sind, schnell geändert zu werden.

© TRANSFER

Schritt 1: Veränderungen angehen

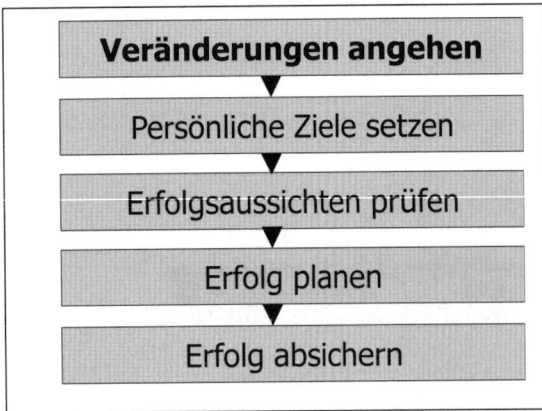

Das kennen Sie bestimmt auch: Sie nehmen sich etwas ernsthaft vor, bemühen sich redlich, aber dennoch bleibt die Umsetzung auf der Strecke. Damit stehen Sie nicht alleine dar - das ist eine Erfahrung, die viele Menschen schon gemacht haben.

Denken Sie kurz einmal an Ihren letzten guten Vorsatz zurück:

- Sie wollten beispielsweise Ihr Networking verbessern und zu verschiedenen Personen regelmäßiger Kontakt halten.
- Sie wollten dafür sorgen, an zwei Vormittagen pro Woche zwei Stunden störungsfrei arbeiten zu können
- Sie wollten sich gesünder ernähren und sich mehr bewegen
- Sie wollen sich weiterqualifizieren, um bessere berufliche Aufstiegschancen zu haben.

Erwartungen überprüfen

Wer (zu) hohe Ansprüche hat, hat kaum eine Chance diese zu erreichen. Wer erst zufrieden ist, wenn er als erster und als einziger etwas erreicht hat, wer die Meßlatte sehr hoch legt, bei dem werden sich schnell Frustrationen einstellen. Es macht wenig Sinn, an sich selbst so hohe Anforderungen zu stellen, dass man ständig mit einem Gefühl herumrennt, ein Versager zu sein, weil man den Anforderungen immer hinterher rennt. Es macht genauso wenig Sinn, den perfekten Job, den perfekten Ehepartner, wohl erzogene Kinder zu erwarten und was einem sonst noch so einfällt. Wenn Sie dann Ihre Unzufriedenheit immer wieder äußern, werden Sie wenig Freude an Ihrer Arbeit haben, Ihren nicht ganz perfekten Ehepartner über kurz und lang verlieren und mit Kindern zusammen leben, die wiederum an Ihnen viel auszusetzen haben.

Wir alle haben **Wünsche** und das ist auch gut so. Allerdings sollten Sie auf Bodenhaftung achten. Dass Sie ein Talentsucher auf der Straße anspricht und Sie binnen Jahresfrist berühmt und reich werden, ist nun mal extrem unwahrscheinlich und wohl auch nicht unbedingt erstrebenswert.

Alle Hoffnung auf die **Zukunft** zu setzen, ist ebenfalls problematisch. Gemeint sind damit nicht die Ziel, die man setzt, die Erwartungen und Hoffnungen, die man mit Recht hegen darf. Es geht um **irrationale Hoffnungen**, um Träume, das einem das Glück in den Schoß fällt, die Fee einem drei Wünsche erfüllt, das Schicksal einem mit Reichtum, Ruhm und Ehre überschüttet.

Sie wären gerne ein großer Erfinder geworden oder doch lieber ein berühmter Filmschauspieler – **Träume** müssen sein, allerdings sollten es Träume bleiben. Hadern Sie nicht weiter damit, das Ihnen der „große Wurf" noch nicht gelungen ist, dass niemand Sie bisher entdeckt hat.

Viele und hochgesteckte Wünsche hindern Sie letztlich: sich mit den Zielen zu beschäftigen, die Sie selbst, aus eigenem Antrieb und aus Vermögen erreichen können. Enorme Ansprüche hindern Sie auch, Ihr Leben zu genießen. Um zufrieden zu sein, gehören natürlich Wünsche, aber diese Wünsche sollten einen realen Hintergrund haben und zu ihren Möglichkeiten und Bedürfnissen passen.

 Nehmen Sie sich einen Zettel vor, schreiben Sie alle Ihre Wünsche auf und überprüfen Sie anschließend, welche realistisch sind, welche Träume bleiben werden und dies auch sein können und an welchen Zielen Sie tatsächlich arbeiten wollen.

Überlegen Sie auch, welche Wünsche und Ansprüche Ihnen gut tun und von welchen Sie sich schleunigst verabschieden sollten.

Dinge angehen

Agieren Sie statt zu reagieren. Warten Sie nicht auf Gelegenheiten, die Ihnen das Leben quasi frei Hause liefert, es könnten die falschen oder auch zu wenig sein. Einfach abzuwarten ist meist keine erfolgversprechende Strategie.

Wie viele Dinge gibt es in Ihrem Leben, mit denen Sie eigentlich nicht oder nicht mehr zufrieden sind? Wie häufig leben Sie mit **Kompromisse**n? Wie häufig schrecken Sie vor Veränderungen zurück?

Durchforsten Sie Ihren Alltag und überlegen Sie, wo Sie „faule" Kompromisse eingegangen sind und bisher nicht den Mut oder die Energie gefunden haben, Engagements ohne Zukunft abzubrechen, Dinge wieder ins rechte Lot zu rücken und **neue Perspektiven** zu entwickeln.

> Wo leben Sie bei der Arbeit, in der Familie, bei Freunden und Bekannten mit „faulen" Kompromissen, mit Dingen ohne Zukunft?
>
> 1. _____
> 2. _____
> 3. _____
> 4. _____
> 5. _____
> 6. _____

Viele Menschen haben Probleme, sich zu entscheiden. Doch jemand, der wartet und keine Wahl trifft, trifft eine Wahl: die Wahl, nicht zu ändern. *So was Schwieriges, das ist nichts für mich. Kann das nicht jemand anderes machen, ich bin glaub nicht der Richtige.* Anforderungen, bitte nicht! Wer sich vor Anforderungen regelmäßig drückt, wird nie erfahren, dass vieles doch gar nicht so schwer ist und er wird nie seine Unsicherheit verlieren. Doch auch Unsicherheit schafft Unzufriedenheit.

Nützen Sie Ihre **Komfort-Zone**, um sich auszuruhen und Kraft zu tanken. Ständig aufhalten sollten Sie sich darin nicht.

Denken Sie daran: Es ist nicht unbedingt so wichtig, wie man sich entscheidet, sondern dass man sich überhaupt entscheidet. Natürlich ist jede Entscheidung eine Festlegung. Aber auch jede **Nicht-Entscheidung** ist eine Festlegung und trägt genauso Risiken in sich wie eine Entscheidung.

Eines ist aber gewiss: Nur wer sich entscheidet, kann Erfahrungen machen und nur wer Erfahrungen macht, entwickelt sich weiter. Ob Sie diese Erfahrungen als positiv oder als negativ empfinden, ist die eine Seite. Die andere Seite ist, dass man nur aus Erfahrung klug wird, wie das Sprichwort sagt. Zumindest eines erreichen Sie sicher: Ihre nächste Entscheidung hat durch Ihre neuen Erfahrungen eine breitere Basis.

Gehen Sie Dinge an. Selbst wenn Sie schwierig erscheinen, ist es meist besser, etwas zu tun, als frustriert auf ein Wunder zu hoffen.

Wenn Sie Dinge ändern wollen, müssen Sie dahinter stehen, es tatsächlich **wollen**. Der Fachausdruck dazu heißt **intrinsische Motivation**, Motivation von innen. Sind Sie nicht überzeugt, finden Sie über kurz oder lang einen Grund, warum Sie sich nicht weiter anstrengen sollten – und auch fest daran glauben.

Allerdings gibt es natürlich auch Probleme, die man (im Moment) nicht lösen kann. Sie haben einen Chef, der von der Persönlichkeit her schwierig ist, Sie haben eine Aufgabe übernommen, die für Ihre Karriere wichtig ist, die Ihnen aber wenig zusagt. Dann hat es wenig Sinn, sich dauernd zu ärgern. Versuchen Sie Abstand zu gewinnen, hören Sie auf, sich in Gedanken dauernd damit zu beschäftigen. Das nützt Ihnen wenig, bindet aber Ihre Energie und dämpft Ihre Motivation.

 Es hilft nur eines: Raus aus dem Alltagstrott. Gehen Sie und Dinge angehen. Warten Sie – und nicht darauf warten, dass sich alles schon irgendwann in Ihrem Sinne regelt.

Schlechte Gewohnheiten los werden

Der Mensch ist ein Gewohnheitstier. Zwischen dem Aufstehen und zu Bettgehen tun wir sehr viele Dinge aus Gewohnheit, ohne recht mit unseren Gedanken dabei zu sein. Solche Gewohnheiten sind wichtig: Sie entlasten. Gewohnheiten helfen uns, ohne großes Nachdenken das Richtige richtig zu tun. Je komplizierter die Umwelt, je mehr Sie zu tun haben, desto wichtiger sind Gewohnheiten.

Wie sehr wir von Gewohnheiten abhängig sind, zeigt sich beispielsweise, wenn Sie mal wieder Ihren Schlüssel suchen. Sie wissen, Sie haben ihn eingesteckt, aber wohin, dass haben Sie nicht richtig „mitbekommen".

Sie haben Gewohnheiten, denen Sie gerne nachkommen. Wahrscheinlich sind das sogar sehr viele. Denken Sie doch mal kurz darüber nach. Und überlegen Sie, warum Sie diese Angewohnheiten an sich mögen.

 Sie pflegen seit langem die Angewohnheit, am Wochenende gut und ausgedehnt zu frühstücken.

Das ist so selbstverständlich für Sie, dass Sie es wahrscheinlich gar nicht als gute Gewohnheit wahrnehmen. Doch warum mögen Sie diese Gewohnheit? – Vielleicht, weil sie im ausgleichenden Kontrast zu Ihrer hektischen Frühstücksroutine an den Wochentagen steht. Weil Sie es genießen, unbegrenzt Zeit zu haben.

Nun hat jeder Mensch auch sog. **schlechte Gewohnheiten**. Gewohnheiten, die ihn stören und die er gerne wieder los sein möchte. Sei es die eigene Morgenmuffelei, den übermäßigen Fernsehkonsum, die Unpünktlichkeit oder gar das Rauchen.

Solche „schlechten" Gewohnheiten lassen sich nicht einfach abstellen. Der Grund liegt darin begründet, dass diese Gewohnheiten Vorteile für uns haben. Auch sie entlasten uns. Wir müssen nicht „mitdenken". Der **Halbautomatismus** entzieht Gewohnheiten unserer bewussten Wahrnehmung.

 Die Entlastungsfunktion und der Halbautomatismus führen zudem dazu, dass es schwierig ist, Gewohnheiten wieder aufzugeben.

Jeden Abend sich mit einem Glas Wein vor den Fernseher zu hocken, nach dem Essen eine Zigarette rauchen zu „müssen", solche und andere liebgewonnenen Gewohnheiten führen dazu, dass man sich immer wieder um ihre Aufgabe bemüht, aber dann doch wieder in das alte Verhalten verfällt. „Schlechte" Gewohnheiten bringen zwei Umstände mit sich, die sich negativ auf die eigene Motivation und das Wohlbefinden auswirken:

- Man ärgert sich darüber, dass man die Gewohnheiten nicht in den Griff bekommt.
- Man fühlt sich schwach, weil man immer wieder den Gewohnheiten erliegt und trotz guter Vorsätze von den Gewohnheiten nicht loskommt.

 Denken Sie daran: Jede Gewohnheit ist erlernt und kann auch wieder verlernt werden.

Ungünstige Gewohnheiten loszuwerden schafft man mit der notwenigen Einsicht, allerdings gelingt dies meist nur, wenn man alte Gewohnheiten durch neue ersetzt und sich das neue Verhalten systematisch antrainiert.

> ⚠ Allerdings müssen Sie dies auch wollen: Wenn Sie sich nur ärgern, wenn Sie aber keinen Leidensdruck spüren, wenn Sie Dinge nur halbherzig angehen, werfen Sie möglicherweise schnell wieder die Flinte ins Korn werfen.

Wenn Sie Raucher sind und noch dem Essen das Bedürfnis haben, sich eine Zigarette anzuzünden, können Sie versuchen, stattdessen eine Tasse Tee zu trinken. Lassen Sie die Gewohnheit bestehen, aber koppeln Sie den negativen Teil ab, ersetzen Sie ihn. Also statt sich Süßigkeiten oder Chips in der Werbepause zu holen, nehmen Sie sich lieber einen Apfel, statt zur Bierflasche zu greifen, holen Sie sich ein Glas Orangensaft.

Vorhaben auswählen

Wenden wir uns den Dingen zu, die Sie gerne ändern wollen. Überlegen Sie, welche Veränderungen Sie sich wünschen.

Das würde ich gerne ändern ....

#		Dringlichkeit	Aufwand	Erfolg	Priorität
1.	_____	☐	☐	☐	_____
2.	_____	☐	☐	☐	_____
3.	_____	☐	☐	☐	_____
4.	_____	☐	☐	☐	_____
5.	_____	☐	☐	☐	_____
6.	_____	☐	☐	☐	_____
7.	_____	☐	☐	☐	_____
8.	_____	☐	☐	☐	_____
9.	_____	☐	☐	☐	_____
10.	_____	☐	☐	☐	_____

Legen Sie als nächstes die Rangfolge fest. Welches Vorhaben liegt Ihnen besonders am Herzen? Ordnen Sie Ihre Vorhaben nach drei Gesichtspunkten:

1. Welche Veränderungen sind für Sie besonders dringend?

> **Bsp** Wenn jemand bereits gesundheitliche Probleme mit Herz und Kreislauf hat, sollte er unbedingt sein Übergewicht reduzieren.

2. Welche Veränderungen können mit wenig Aufwand realisiert sein?

> **Bsp** Sie trinken zu viel Alkohol und wollen sich nur noch am Wochenende ein Glas gönnen.

3. Welche Veränderungen bringen schnell Erfolgserlebnisse?

 Ihre Kinder oder Enkel freuen sich, dass Sie sich Zeit für sie nehmen.

Nun können Sie Ihre Wünsche anhand der drei Fragen bewerten. Geben Sie jeweils einen Punkt, wenn Sie eine der Fragen mit JA beantworten können.

Bilden Sie eine neue Reihenfolge. Fangen Sie mit den Vorhaben an, die die meisten Punkte erreicht haben.

Achten Sie darauf, dass Sie nicht zu viele Baustellen auf einmal beginnen. Wenn Sie drei Vorhaben in der nächsten Zeit zum Erfolg führen, ist das sicherlich eine Leistung. Vielleicht hat es aber auch Vorteile, wenn Sie sich erst einmal auf ein wichtiges Vorhaben konzentrieren.

Überlegen Sie bitte auch:

- Wie stark ist diese Gewohnheit? Wie lieb haben Sie sie gewonnen?
- Wie schwer fällt es Ihnen sie aufzugeben?
- Was könnte Sie dazu bringen sie aufzugeben?

Zusammenfassung

Legen Sie fest, was Sie in der nächsten Zeit erreichen wollen.

Schützen Sie sich vor irrationalen Hoffnungen.

Warten Sie nicht ab, werden Sie aktiv.

Stellen Sie sich neuen Herausforderungen.

Überlegen Sie, welche Gewohnheiten Sie hindern.

Legen Sie fest, wie Sie mit „schlechten" Gewohnheiten umgehen wollen.

Wählen Sie die Vorhaben aus, die die größten Erfolgsaussichten haben und Ihnen am meisten Nutzen bringen.

 Was wollen Sie von den Hinweisen in diesem Kapitel umsetzen? Schreiben Sie sich bitte alle wichtigen Punkte auf. Nutzen Sie dazu die Umsetzungshilfe am Ende dieses Arbeitsheftes.

Schritt 2: Persönliche Ziele setzen

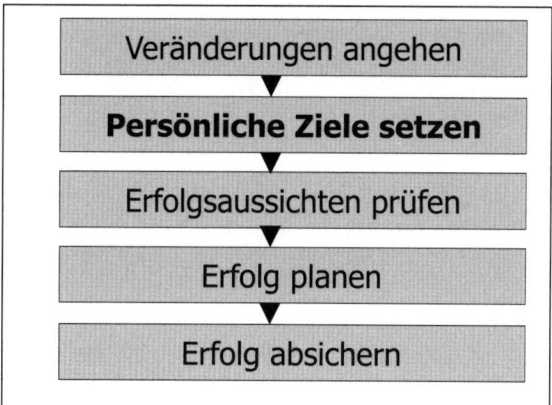

Der Mensch braucht **Herausforderungen**, an denen er sich messen kann. Er ist darauf programmiert, Leistung zu erbringen und Anerkennung dafür zu erfahren. Was jemand sich vornimmt, wo er hin will, was er erreichen will, kann allerdings von Mensch zu Mensch sehr unterschiedlich sein. Das hängt von den Möglichkeiten ab, die jemand hat und davon, was jemand sich selbst zutraut.

Die Orientierung an klaren Zielen ist für Ihren Erfolg wichtig. Wie sieht es mit Ihrer Zielorientierung aus? Machen Sie den Test.

Wie gehen Sie mit persönlichen Zielen um?

	nie	selten	manchmal	teils, teils	meistens	immer	Punkte
	0	1	2	3	4	5	
Meine Ziele für die nächste Zeit sind mir klar.	☐	☐	☐	☐	☐	☐	____
Ich nehme mir wöchentlich Zeit, um die nächste Woche zu planen.	☐	☐	☐	☐	☐	☐	____
Ich setze mir nicht nur berufliche Ziele, auch im privaten Bereich weiß ich, was ich erreichen will.	☐	☐	☐	☐	☐	☐	____
Ich weiß, was ich in den nächsten Monaten erreichen will.	☐	☐	☐	☐	☐	☐	____
Ich achte auf Zielkonflikte.	☐	☐	☐	☐	☐	☐	____
Ich plane schriftlich.	☐	☐	☐	☐	☐	☐	____
Ich weiß, was am wichtigsten ist.	☐	☐	☐	☐	☐	☐	____
Ich schreibe Ziele auf und überprüfe sie regelmäßig.	☐	☐	☐	☐	☐	☐	____
Ich habe einen Überblick über meine Termine, Ziele und Projekte.	☐	☐	☐	☐	☐	☐	____
Ich stimme meine Ziele mit denen meines Vorgesetzten ab.	☐	☐	☐	☐	☐	☐	____
Ich stimme meine Ziele mit denen meines Teams ab.	☐	☐	☐	☐	☐	☐	____
Ich bespreche meine Ziele mit meiner Familie.	☐	☐	☐	☐	☐	☐	____

Auswertung:

Bis 20 Punkte	Kümmern Sie sich mehr um Ihre Ziele. Nur dann können Sie Ihren Erfolg planen und das Leben führen, mit dem Sie rundum zufrieden sind.
Bis 35 Punkte	Sie können noch professioneller mit Zielen an Ihrem Erfolg arbeiten. Nutzen Sie diese Chance.
Über 35 Punkte	Sie wissen, wie wichtig eine gute Zielorientierung ist. Vielleicht gibt es aber auch für Sie Verbesserungsmöglichkeiten bei der Arbeit mit Zielen.

Wunschzettel erstellen

Bevor Sie beginnen, sich detailliert mit Ihren Zielen zu beschäftigen, können Sie sich mit einer kleinen Vorübung schon einmal ein Grobraster erarbeiten. Schreiben Sie auf, was Sie in fünf Jahren erreicht haben wollen, wie Ihr Leben dann aussehen soll. Diese Ziele können sich

- auf eine Verbesserung der Qualität oder Quantität Ihrer Arbeitsergebnisse,
- Ihrer Arbeitsmethodik oder
- der Zusammenarbeit mit anderen beziehen, aber auch
- auf Karriere, neue Aufgaben oder Zusatzqualifikationen.

Vergessen Sie bei Ihren beruflichen Zielen auch Ihre Familie und Ihre Freunde nicht.

Meine Wünsche für die nächsten Jahre

Bezogen auf Arbeitsergebnisse

1. _____
2. _____
3. _____
4. _____

Bezogen auf Arbeitsmethodik

1. _____
2. _____
3. _____
4. _____

Bezogen auf Zusammenarbeit

1. _____
2. _____
3. _____
4. _____

Bezogen auf Karriere, neue Aufgaben, Zusatzqualifikationen

1. _____
2. _____
3. _____
4. _____

Persönliches Veränderungsmanagement Schritt 2: Persönliche Ziele setzen

Bezogen auf Familie, Freunde und Privatleben
1. _____
2. _____
3. _____
4. _____

Triebfedern analysieren

Eine gute Motivation ist wichtig, wenn Sie sich neuen Aufgaben stellen und Ihre Ziele erreichen wollen.

Motivation ist die **wesentliche Triebfeder** für das menschliche Handeln - egal, was Sie vorhaben. Allerdings entsteht sie nicht aus heiterem Himmel. Jeder Mensch hat **individuelle Bedürfnisse**, die er befriedigen möchte. Und je stärker ein Bedürfnis ausgeprägt ist, desto stärker ist auch die Motivation, etwas für die Befriedigung zu unternehmen. Oder anders herum ausgedrückt: Wenn ein Bedürfnis nur sehr schwach ausgeprägt ist, ist der Wunsch, es zu befriedigen, kaum oder gar nicht vorhanden. Entsprechend niedrig ist dann auch die Motivation. Das bedeutet für Sie: Wenn Sie sich bewusst sind, was Sie motiviert, können Sie diese Motivation für sich arbeiten lassen – um Ihre Ziele einfacher und schneller zu erreichen.

Finden Sie mithilfe des folgenden Selbsttests heraus, welche Motive Ihrem Verhalten zugrunde liegen. Bitte kreuzen Sie an, wie stark Sie mit der entsprechenden Aussage übereinstimmen bzw. inwieweit diese auf Sie zutrifft. Versuchen Sie, möglichst spontan zu antworten.

Wie schätzen Sie sich ein?

	äußerst wichtig	wichtig	weniger wichtig	unwichtig
1. Ich gebe gerne die Richtung an.	☐	☐	☐	☐
2. Am liebsten arbeite ich selbständig.	☐	☐	☐	☐
3. Mein Wissen zu vergrößern spielt für mich eine wichtige Rolle.	☐	☐	☐	☐
4. Mir ist wichtig, das Andere positiv von mir denken	☐	☐	☐	☐
5. Der Satz „Ordnung ist das halbe Leben" könnte von mir sein	☐	☐	☐	☐
6. Besitz ist mir wichtig.	☐	☐	☐	☐
7. Meine Prinzipien sind mir heilig.	☐	☐	☐	☐
8. Ich achte darauf, dass sich z. B. bei Teamsitzungen alle an die Gesprächsregeln halten	☐	☐	☐	☐
9. Meine Freunde bedeuten mir sehr viel.	☐	☐	☐	☐
10. Meine Familie bedeuten mir sehr viel.	☐	☐	☐	☐
11. Mein gutes Ansehen ist mir sehr wichtig.	☐	☐	☐	☐
12. Ich fühle mich in einer Konkurrenzsituation eher beflügelt als bedrängt.	☐	☐	☐	☐

© TRANSFER

13. Es befriedigt mich, meinen Einfluss geltend machen zu können.	☐	☐	☐	☐
14. Ich komme sehr gut alleine zurecht.	☐	☐	☐	☐
15. Ich möchte gerne meinen Horizont erweitern.	☐	☐	☐	☐
16. Ich arbeite am liebsten im Team.	☐	☐	☐	☐
17. Für mich hat jedes Ding seinen festen Platz.	☐	☐	☐	☐
18. Mir ist es wichtig, einen Teil meines Einkommens zu sparen.	☐	☐	☐	☐
19. Ich halte Moral für ein sehr hohes Gut	☐	☐	☐	☐
20. Wenn Schwächere benachteiligt werden, spüre ich den Impuls zu helfen	☐	☐	☐	☐
21. Ich verbringe gern viel Zeit mit meinen Freunden.	☐	☐	☐	☐
22. Ich verbringe gern viel Zeit mit meiner Familie.	☐	☐	☐	☐
23. Ich sonne mich gern im Licht der Öffentlichkeit.	☐	☐	☐	☐
24. Wettbewerb spornt mich an.	☐	☐	☐	☐
25. Ich wünsche mir, dass mein Wort in Besprechungen das größte Gewicht hat.	☐	☐	☐	☐
26. Meine eigenen Entscheidungen treffen zu können, ist für mich wichtig.	☐	☐	☐	☐
27. Ich versuche den Dingen auf den Grund zu gehen.	☐	☐	☐	☐
28. Ich spiele lieber in einer Mannschaft als alleine.	☐	☐	☐	☐
29. In meiner Arbeitsweise spielen Struktur und Organisation eine herausragende Rolle.	☐	☐	☐	☐
30. Die Bezahlung meiner Arbeit spielt für mich eine entscheidende Rolle.	☐	☐	☐	☐
31. Loyalität ist eine wesentliche Eigenschaft.	☐	☐	☐	☐
32. Ich glaube an das Gute im Menschen	☐	☐	☐	☐
33. Ich bin ein geselliger Typ.	☐	☐	☐	☐
34. Ich bin ein Familienmensch.	☐	☐	☐	☐
35. Ich zeige gern, was ich habe oder kann.	☐	☐	☐	☐
36. Ich scheue nicht den Leistungsvergleich mit anderen	☐	☐	☐	☐

Bitte tragen Sie die Ergebnisse in die Tabelle ein:

Frage	Punkte	Frage	Punkte	Frage	Punkte	Punkte gesamt	Kennung
1		13		25			M
2		14		26			U
3		15		27			N
4		16		28			A
5		17		29			O
6		18		30			Sp
7		19		31			E
8		20		32			I
9		21		33			B
10		22		34			F
11		23		35			St
12		24		36			R

Rechnen Sie die Punkte, die Sie in einer horizontalen Reihe erreicht haben, zusammen und tragen Sie diese in die Spalte *Punkte gesamt* ein. Bestimmen Sie anhand des Kennbuchstabens in der nachfolgenden Erläuterung, welche Motive Ihnen besonders wichtig sind.

- **M: Macht** bedeutet Ihnen viel. Es ist Ihnen wichtig, Einfluss zu besitzen. Sie freuen sich, wenn Sie die Führung übernehmen können. Erfolg und Leistung spielen für Sie eine große Rolle.

- **U: Unabhängigkeit** ist Ihnen wichtig. Sie lieben Ihre Freiheit. Ein hohes Maß an Fremdbestimmung empfinden Sie als problematisch. Sie fühlen sich wohl, wenn Sie Aufgaben eigenständig bearbeiten können. Sie sind selbstgenügsam und möchten autark sein und bleiben.

- **N: Neugier** ist Ihr zentrales Motiv. Sie wollen hinter die Dinge blicken, „den Kern" verstehen und Erkenntnisse sammeln. Ihr Wissensdurst treibt Sie immer wieder an, Neues zu entdecken.

- **A: Anerkennung** von Ihrem Umfeld - ob beruflich oder privat - bedeutet Ihnen sehr viel. Für ein Gefühl von sozialer Zugehörigkeit zeigen Sie Einsatz.

- **O: Ordnung** spielt für Sie eine große Rolle. Ihre Arbeitsweise zeichnet sich durch eine gute Organisation aus. Sie suchen (vermutlich meist erfolgreich) nach Struktur und Stabilität. Klarheit ist Ihnen wichtig.

- **Sp: Sparen und Sammeln** ist Ihr Bestreben. Sie sind gerne „Besitzer". Sie lassen sich durch materielle Anreize stark motivieren. Die Vermehrung Ihres Eigentums hat eine sehr hohe Priorität.

- **E: Ehre** ist mehr als nur ein Wort für Sie. Loyal zu sein und Loyalität zu erfahren, ist Ihnen wichtig. Sie haben klare Prinzipien und Moralvorstellungen, die Sie einhalten möchten.

- **I: Idealismus** bestimmt Ihr Handeln. Sie bemühen sich stets darum, möglichst fair zu sein. Für soziale Gerechtigkeit legen Sie sich ins Zeug.

- **B: Beziehungen** sind Ihnen wichtig. Sie investieren viel in Ihre Freundschaften und pflegen diese sorgsam. Sie sind das Gegenteil eines Eigenbrötlers und mögen Geselligkeit. Sie lösen gerne Aufgaben im Team.
- **F: Familie** spielt in Ihrem Leben eine übergeordnete Rolle. Zeit für Ihr Familienleben zu haben oder zu gewinnen, stellt für Sie eine wichtige Antriebsfeder dar.
- **St: Status** ist für Sie von großer Bedeutung. Sie genießen öffentliche Aufmerksamkeit. Ein wichtiges Ziel für Sie ist es, zu mehr Prestige und Ansehen zu gelangen. Dies kann z. B. über Vermögen oder Titel geschehen.
- **R: Rache und Kampf** sind für Sie zentrale Motive. Es macht Ihnen nichts aus, Rivalen zu haben – im Gegenteil, des spornt Sie eher an. Sie fühlen sich gut, wenn Sie sich in Konkurrenzsituationen unter Beweis stellen können und suchen den Wettbewerb.

Anhand der Ergebnisse können Sie jetzt Ihr individuelles Motivationsprofil erstellen. Entscheidend für eine maßgeschneiderte Motivation ist daher das **individuelle Motiv-Profil**.

Bitte füllen Sie die Tabelle aus:

	überhaupt keine Bedeutung	wenig Bedeutung	Durchschnittlich	etwas Bedeutung	besondere Bedeutung
	-2	-1	0	1	2
Macht	☐	☐	☐	☐	☐
Unabhängigkeit	☐	☐	☐	☐	☐
Neugier	☐	☐	☐	☐	☐
Anerkennung	☐	☐	☐	☐	☐
Ordnung	☐	☐	☐	☐	☐
Sparen und Sammeln	☐	☐	☐	☐	☐
Ehre	☐	☐	☐	☐	☐
Idealismus	☐	☐	☐	☐	☐
Beziehungen	☐	☐	☐	☐	☐
Familie	☐	☐	☐	☐	☐
Status	☐	☐	☐	☐	☐
Rache und Kampf	☐	☐	☐	☐	☐

Sehen Sie sich die Bereiche mit den höchsten Punktzahlen näher an und werfen Sie auch einen Blick auf die Bereiche mit den niedrigsten Werten.

 Fragen Sie auch einmal sehr gute Freunde und Familienmitglieder, welche **Lebensmotive** bei Ihnen eine besondere Rolle spielen. Vergleichen Sie diese Aussagen dann mit Ihrem persönlichen Motiv-Profil. Wenn es starke Abweichungen gibt, versuchen Sie die Ursachen zu ermitteln.

Jetzt wissen Sie, welche Motive für Sie wichtig sind. Stellen Sie diese Motive in den Dienst der Sache. Wenn Sie sich zum Beispiel gerne mit anderen messen, suchen Sie sich Mitstreiter und veranstalten sie einen kleinen Wettbewerb, z.B. wer als erster was erreicht hat. Finden Sie keine Mitstreiter, können Sie auch einen Wettstreit mit sich selbst austragen, etwa ob Sie beim Abnehmen das Ergebnis der letzten Woche noch toppen können.

Überholte Ziele aufgeben

Sie müssten eigentlich mehr Sport treiben, Sie sollten sich gesünder ernähren, Sie sollten weniger fernsehen, Sie müssten sich mehr um Ihre Eltern kümmern, Sie sollten endlich eine zweite Fremdsprache lernen.

„Sollte"- und „Müsste"-Sätze stehen für Dinge, die wir glauben tun zu müssen, hinter denen wir aber nicht stehen. Solche Gedanken helfen Ihnen nicht weiter, im Gegenteil: Sie machen Ihnen ein schlechtes Gewissen.

Ersetzen Sie Sätze durch Ziele, Ziele, hinter den Sie stehen und die für Sie attraktiv sind.

Prüfen Sie nach: Wie lange tragen Sie diesen Vorsatz schon mit sich rum? Lautet die Antwort: *Schon lange*, geben Sie den Vorsatz auf. Er scheint Ihnen nicht so wichtig zu sein, dass Sie die nötige Energie zur Umsetzung aufbringen. Also warum weiter damit rumärgern?

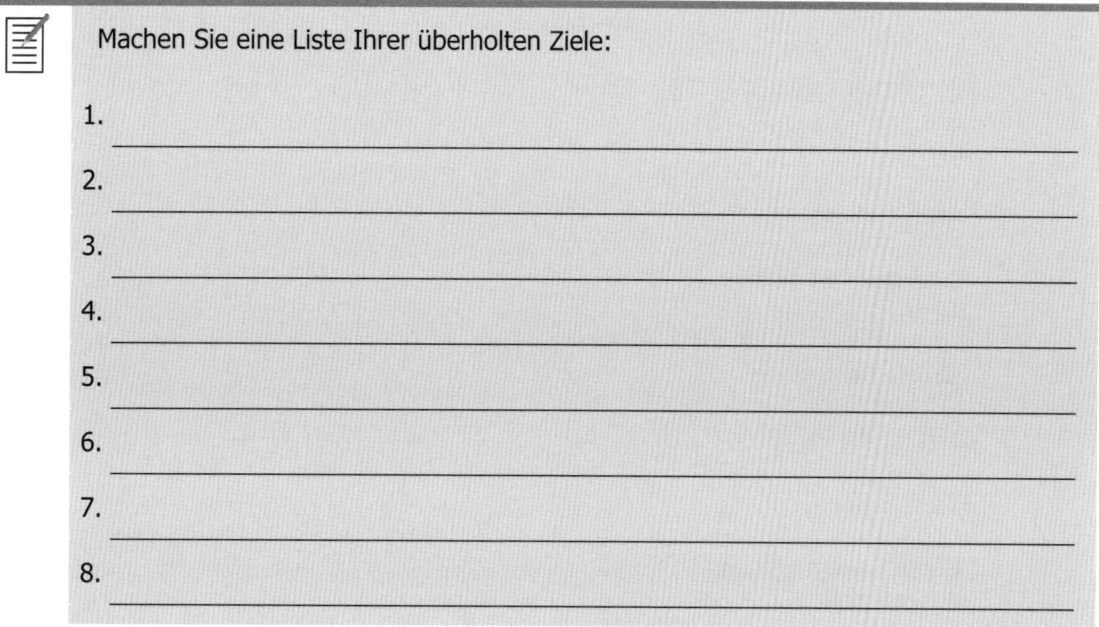

Machen Sie eine Liste Ihrer überholten Ziele:

1. _____
2. _____
3. _____
4. _____
5. _____
6. _____
7. _____
8. _____

Entscheiden Sie sich: Wollen Sie dieses "Sollte"- und "Müsste"-Ziel tatsächlich weiter verfolgen? Lautet Ihre Antwort *Nein*, geben Sie das Ziel auf. Das ist allemal besser, als etwa jeden Tag frustriert von der Waage zu steigen oder es mit der 20. Diät zu versuchen.

Wenn Sie das Ziel nicht aufgeben möchten, suchen Sie nach neuen Möglichkeiten und alternativen Wegen. Die Betonung liegt auf **neu**. Mit einer neuen Herangehensweise und frischem Mut steigern Sie die Erfolgsaussichten beträchtlich. Können Sie sich beispielsweise mehr bewegen oder Ihren Fastfood-Konsum einschränken? Auch das sind Schritte in die gewünschte Richtung.

Die Schritte sollten Ihnen

- leicht fallen
- gut in den Alltag zu integrieren sein und
- Sie sollten Gefallen daran finden.

Das ist die beste Motivation.

Kurzum: Werfen Sie Ihr schlechtes Gewissen über Bord und konzentrieren Sie sich auf das Machbare.

Ziele finden

Jeder Mensch hat sehr persönliche Vorstellungen von dem, was für ihn wichtig ist. Diese Vorstellungen spiegeln sich in den persönlichen Zielen. Kennen Sie Ihre **persönlichen Vorlieben** und versuchen Sie nach ihnen zu leben, können Sie klarer entscheiden und handeln und Ziele leichter bestimmen.

Ziele setzen **Werte** voraus, das Vermögen einzuschätzen, was einem wichtig ist und was nicht. Dies ist in einer Welt, wo es sehr viele Möglichkeiten und sehr unterschiedliche Auffassungen von einem erfüllten Leben gibt, nicht so einfach.

Welche Werte sind für Sie wie wichtig. Bitte kreuzen Sie an:

	sehr wichtig	wichtig	weniger wichtig	unwichtig
Beruflicher Erfolg	☐	☐	☐	☐
Karriere	☐	☐	☐	☐
Anerkennung	☐	☐	☐	☐
Zusammenarbeit im Team	☐	☐	☐	☐
Soziale Einbindung	☐	☐	☐	☐
Zeit für die Familie	☐	☐	☐	☐
Zeit für Hobbys	☐	☐	☐	☐
Gutes Einkommen und Auskommen	☐	☐	☐	☐
Persönliche Freiheit	☐	☐	☐	☐
Ausleben von Interessen	☐	☐	☐	☐
Neue Herausforderungen	☐	☐	☐	☐
Soziales Engagement	☐	☐	☐	☐
Sinnvolle Tätigkeit	☐	☐	☐	☐

Was ist Ihnen wichtig, was weniger wichtig? Überprüfen Sie Ihre Präferenzen. Das ist ein erster guter Schritt, um Ihre persönlichen Ziele zu finden. Denn aus den Werten können Sie Ihre Ziele ableiten.

> **Bsp** Beruflicher Erfolg und Karriere stehen bei Ihnen an erster Stelle. Die nächsten Jahre wollen Sie nutzen, um sich als vielversprechende Nachwuchskraft zu positionieren. Überlegen Sie, welche Ziele mit diesem Wert korrespondieren.

Sie können mit Hilfe der Werte auch gleich überprüfen, ob Ihre Ziele in Widerspruch zu Ihren Werten stehen.

> **Bsp** Persönliche Freiheit stellt für Sie einen hohen Wert dar. Allerdings müssen Sie für Ihre Karriere viele Kompromisse in Kauf nehmen. Das stört Sie.

In diesem Fall müssen Sie mit Schwierigkeiten bei der Motivation rechnen. Überprüfen Sie, ob es Werte gibt, die sich gut miteinander verbinden lassen.

 Bsp Sie möchten beruflich voran kommen, Sie sind aber auch ein Mensch, der das Abenteuer und neue Herausforderungen liebt. Dann könnten Sie sich z.B. um einen Auslandsposten bemühen.

Sie können sich Ihren Zielen auch nähern, indem Sie sich Ihre Zukunft vorstellen.

Denken Sie an einen Tag in fünf Jahren. Wie soll der Tag aussehen, damit Sie damit voll und ganz zufrieden sind?

_____
_____
_____
_____
_____
_____
_____

Was müssen Sie tun, um zu erreichen, dass Sie so leben können? Welche Ziele müssen Sie erreichen?

 Richten Sie Ihren Blick auch auf die Gegenwart, Ihre momentane Situation:
- Wo stehen Sie im Moment?
- Was haben Sie bereits erreicht?
- Was stört Sie?

_____
_____
_____
_____
_____
_____

Jetzt haben Sie sicher eine Reihe von Ideen gesammelt. Halten Sie sie fest, damit Sie Ihnen nicht verloren gehen.

Ihre langfristigen Zielvorstellungen

Priorität

1. _____ _____
2. _____ _____
3. _____ _____
4. _____ _____
5. _____ _____
6. _____ _____
7. _____ _____
8. _____ _____
9. _____ _____
10. _____ _____

Wichtig ist, dass Sie sich entscheiden. Das Setzen **langfristiger Ziele** ist immer mit Risiken verbunden. Ihre Prioritäten können sich ändern, die Umstände ebenfalls. Weitreichende Entscheidungen fallen einem schwer, deshalb schieben viele Menschen sie gerne vor sich her. Allerdings kostet dies Zeit und Energie, weil Sie sich dann doch immer wieder mit dem Thema beschäftigen müssen und sei es nur in Gedanken.

Denken Sie daran: Auch wenn Sie sich nicht entscheiden, entscheiden Sie sich, nämlich ziellos weiter zu arbeiten, den derzeitigen Zustand aufrecht zu erhalten und mögliche Chancen nicht wahrzunehmen. Bedingungen können sich dabei zum Positiven, aber auch zum Negativen entwickeln.

Natürlich ist jede Entscheidung eine Festlegung. Aber auch jede Nicht-Entscheidung ist eine Festlegung und trägt genauso Risiken in sich wie eine Entscheidung.

Auf attraktive Ziele setzen

Attraktive Ziele sind die Basis für den Erfolg der Umsetzung Ihrer Ziele. Sie sind wichtige **Motivatoren**. Je klarer Sie Ihre Wünsche vor Augen haben, desto größer wird die Anziehungskraft sein, die von ihnen ausgeübt wird.

Sie wollen in den nächsten zwölf Monaten 10 Kilo abnehmen, Sie wollen bis zum Sommer nächsten Jahres Spanisch so gut beherrschen, dass Sie sich um einen Auslandsposten bewerben können. Sie möchten sich beruflich umorientieren und in den nächsten fünf Jahren nebenberuflich eine Ausbildung zum Betriebswirt abschließen.

Zweifeln Sie an der Attraktivität und Erreichbarkeit bestimmter Ziele, sollten Sie sich andere Ziele setzen:

- Ziele, die attraktiver sind,
- Ziele, die sich schneller erreichen lassen oder
- Ziele, die weniger Aufwand erfordern.

Fragen Sie sich, was Sie zu tun bereit sind und wo Ihre Grenzen liegen:

- Wären Sie beispielsweise bereit, einen Umzug in Kauf zu nehmen, um eine attraktive Stelle zu bekommen?
- Würden Sie zwei oder drei Jahre pendeln?
- Würden Sie auch für einige Zeit eine uninteressante Tätigkeit übernehmen, um Ihr Spektrum zu erweitern?
- Würden Sie eine schwierige Außenstelle übernehmen, um Ihr Können zu demonstrieren?
- Sind Sie bereit, ein Jahr auf Freizeit zu verzichten, um eine Ausbildung nachzuholen?

 Suchen Sie sich Ziele, die für Sie eine hohe Motivation mit sich bringen.

Veränderung mental angehen

Gehen Sie Veränderungen mit einer positiven Einstellung heran, unter dem Motto: *Natürlich schaffe ich das!* Läuft in Ihrem Kopf eine Erfolgsstory ab oder doch eher ein Katastrophenfilm?

Reden Sie sich nichts selber ein. Wenn Sie sich immer wieder sagen: *Das bekomme ich nicht hin* werden Sie über kurz oder lang selbst daran glauben und sich (unbewusst) meist dann auch noch so verhalten.

Testen Sie selbst, zu welcher Reaktion Sie neigen. Welche der Aussagen kommen Ihnen vertraut vor, wenn Sie an Ihren Veränderungswunsch denken? Unterstreichen Sie die Ihnen bekannten Gedankengänge.

Wenn ich etwas will, bekomme ich das auch.	Ich habe schon viele Enttäuschungen erlebt.
Für meinen Erfolg bin ich selbst verantwortlich.	Die Umstände hindern mich oft.
	Mich verlässt schnell der Mut
Ich verfüge über eine Menge Energie.	Ich habe Schwierigkeiten, mich zu entscheiden.
Ich weiß, was ich will.	
Aus Fehlern lerne ich.	Ich mache immer wieder dieselben Fehler.
Für Probleme gibt es immer eine Lösung.	Auftauchende Probleme machen mich schnell mutlos.

Wie sehen Ihre Gedanken häufig aus? Haben Sie sich tendenziell eher für die eine oder die andere Seite entschieden?

Die linke Spalte zeigt die typischen **Gewinnergedanken**, die rechte Spalte das Gegenstück – die der Verlierer. Konzentrieren Sie sich auf Ihre positiven Gedanken. Sobald negative Gedanken auftauchen, formulieren Sie sie um.

Das Gedankenmuster „Ich bin ein Versager, mir gelingt nichts" wird umformuliert in „Ich schaffe es, das weiß ich".

Am besten halten Sie den positiven Gedanken schriftlich fest, z.B. auf einem kleinen Kärtchen, als konkrete und positive Formulierung. Manchmal hat man ein richtiges Aha-Erlebnis, wenn der passende positive Gedanke ausgesprochen oder aufgeschrieben ist.

Mit den positiven Gedanken beeinflussen Sie sich selbst, Ihre Einstellung, und auch Ihr Handeln. Unser **Unterbewusstsein** lässt sich durch die Art unserer Gedanken beeinflussen: Wir fühlen uns zuversichtlich und stark.

Schreiben Sie bitte die Formulierungen der Gewinner auf, die Sie zukünftig häufiger verwenden wollen:

_____

_____

_____

_____

_____

_____

_____

Die meisten Ziele sind nicht von heute auf morgen umzusetzen. Damit besteht immer die Gefahr, das Sie Ihre Ziele aus den Augen verlieren. Deshalb ein Tipp: Suchen Sie sich ein Bild, dass stellvertretend für Ihr Ziel steht.

Bsp Sie möchten mehr für Ihre Gesundheit tun und jeden zweiten Tag joggen. Stellen Sie sich als inneres Bild vor, wie Sie das erste Mal beim Volkslauf die Ziellinie überqueren. Rufen Sie regelmäßig dieses innere Bild ab. Sie können sich auch ein sichtbares Zeichen schaffen, etwa die Anmeldung zum Volkslauf. Hängen Sie das Zeichen, das Bild dort auf, wo Sie es häufig sehen. So erinnert es Sie regelmäßig an Ihr Ziel.

Ein Merksatz, ein Logo erfüllen denselben Zweck. So können Sie sich ein Foto von sich an den Kühlschrank heften, das Sie mit der Figur zeigt, die Sie hoffentlich bald wieder haben.

Ziele geben Orientierung. Schaffen Sie sich die Basis für Ihren Erfolg. Sie wissen, was Sie wollen, die Erfolgsaussichten sind gut, jetzt können Sie die Planung in Angriff nehmen.

Zusammenfassung

Überlegen Sie, was Sie in den nächsten Jahren beruflich und privat erreichen wollen.

Analysieren Sie Ihre Grundbedürfnisse und Lebensprioritäten.

Achten Sie auf die Umsetzbarkeit der Ziele.

Nutzen Sie diese Ziele als Richtschnur für Ihre Planung und Ihre Entscheidungen.

Setzen Sie sich attraktive und realistische Ziele.

Schaffen Sie sich einen Anker, ein Bild, ein Symbol, ein Slogan.

 Was wollen Sie von den Hinweisen in diesem Kapitel umsetzen? Schreiben Sie sich bitte alle wichtigen Punkte auf. Nutzen Sie dazu die Umsetzungshilfe am Ende dieses Arbeitsheftes.

Schritt 3: Erfolgsaussichten prüfen

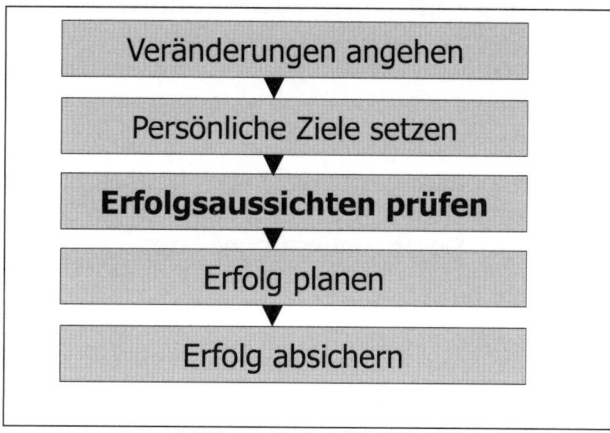

Sie können sich sehr viele und sehr anspruchsvolle Ziele setzen. Allerdings riskieren Sie dann eine Enttäuschung nach der anderen. Ziele und Pläne müssen motivierend, machbar und alltagswirksam sein. Nur so sind sie handhabbar und nur so besteht eine gute Chance, sie auch wirklich zu erreichen. Leider setzen sich viele Menschen ehrgeizige Ziele, die sie natürlich ganz schnell umsetzen wollen, so unrealistisch sie auch sein mögen.

Bevor Sie ein (länger dauerndes) Vorhaben in Angriff nehmen, sollten Sie deshalb mögliche Bedenken vornehmen und die Erfolgsaussichten prüfen. Das schützt Sie vor unrealistischen Plänen und vor Misserfolgen. Überprüfen Sie Ihre Einstellung, Ihre Motivation und die Erfolgsaussichten Ihres Vorhabens.

Bedenken ernst nehmen

Jede Veränderung bringt Unsicherheit. Deshalb ist es normal, dass sich in Ihrem Kopf Bedenkenträger einfinden.

- Glaubst Du denn, dass Du das wirklich durchhältst?
- Denk doch mal an letztes Jahr, da hat das doch auch nicht geklappt!
- Und was ist mit meinem gemütlichen Abend vorm Fernseher, fällt der etwa flach?
- Wollen wir das nicht lieber auf nächstes Jahr verschieben?

Vielleicht melden sich auch noch andere Stimmen, etwa die Ihres „Gewissens":

- Du musst jetzt endlich mal konsequent sein!
- Sei doch nicht so ein Jammerlappen!

Solche inneren Stimmen tauchen automatisch auf, wenn man seine Komfortzone verlassen will.

Ignorieren Sie diese Stimmen nicht, setzen Sie sich mit ihnen auseinander. Suchen Sie Argumente, die gegen die Einwände sprechen. Überzeugen Sie sich selbst! Wenn Sie mit zu vielen Bedenken an ihr Vorhaben herangehen, hindern Sie Ihre Gedanken, nehmen ihnen den Mut und den Elan.

Manche Entscheidungen fallen uns auch deshalb schwer, weil es sich um längerfristige Vorhaben handelt, die Zeit und Energie erfordern. Ihr Zögern verrät Ihnen dann, dass es gute Gründe gibt, die Entscheidung noch einmal zu durchdenken.

Häufige Gründe für Zögern sind:

1. Sie haben zu wenig Informationen

Soll ich mich wirklich um einen Auslandsposten bemühen? Ist dies tatsächlich ein wichtiger Baustein zu meiner Karriere?

Schaffen Sie sich eine sichere Grundlage, um die Situation einschätzen zu können. Wenn Sie sich dann dagegen entscheiden, können Sie Ihre Ablehnung gut begründen.

2. Ihnen fehlt die Motivation

Soll ich mich tatsächlich um einen anderen Job bewerben?

Wir sind neuen Dingen aufgeschlossen, wenn wir den Nutzen für uns erkennen. Dabei kann der Nutzen sehr unterschiedlich sein, neue Erfahrungen motivieren uns ebenso wie sich für andere einzusetzen.

Fragen Sie sich: Was habe ich davon? Wie hoch ist der Aufwand, wo versteckt sich der Nutzen? Schreiben Sie alle Pro- und Kontra-Argumente auf ein Blatt Papier. Gewichten Sie: Wie wichtig ist mir das einzelne Argument? Danach können Sie auf Grund der Kriterien eine sichere Entscheidung treffen.

3. Sie zweifeln an Ihren Fähigkeiten

Soll ich wirklich zusagen, das Referat vor 300 Leuten zu halten?

Eine Herausforderung wartet auf Sie – aber sind Sie ihr auch gewachsen? Auch hier hilft nur ein genaues Hinsehen: An welchen Fähigkeiten und Fertigkeiten mangelt es Ihnen? Können Sie sie noch erwerben? Können Sie sie kompensieren? Können Sie sich Unterstützung holen?

4. Sie zögern, weil Ihnen die Zeit oder Energie fehlt

Soll ich mich auch noch in diesem Projekt engagieren?

Sie haben ohnehin viel zu tun und eigentlich sollten Sie sich nicht noch mehr aufbürden. Andererseits: Das wäre doch eine echte Chance.

Nehmen Sie Ihre langfristigen Ziele zu Hilfe. Passt das Angebot zu Ihren Präferenzen? Welche anderen Verpflichtungen könnten Sie aufgeben oder einschränken, um Raum für das neue Vorhaben zu schaffen?

5. Sie zögern, weil Sie die Auswirkungen schlecht überblicken können

Soll ich wirklich in die Stadt zurück ziehen?

Ein weiteres Problem: Bei so mancher schwerwiegenden und auch langfristigen Entscheidung lassen sich die Auswirkungen schlecht einschätzen. Scheinbar attraktive Angebote wie in ein Franchiseunternehmen einzusteigen erweisen sich dann doch als Flop, der neue Job erweist sich als schwierig.

Arbeiten Sie mit diesen beiden Strategien:

- Setzen Sie die Entscheidung auf Probe um.

- Bauen Sie Sollbruchstellen ein, Punkte, an denen Sie Ihre Entscheidung noch einmal überdenken können.

- Achten Sie auf Hintertüren, damit Sie eine Entscheidung notfalls ohne große Verluste revidieren können.

Je schlechter die Chancen abzuschätzen sind, je größer das Risiko ist. Je schwerwiegender die Entscheidung ist, desto wichtiger sind solche **Sollbruchstellen** und Hintertüren.

6. Sie zögern, weil Sie Zeit für eine Entscheidung brauchen

Soll ich wirklich das befristete Angebot annehmen?

Entscheidungen unter Zeitdruck zu fällen, ist eine besondere Situation. Manche Entscheidungen müssen in Minuten, Stunden, maximal Tagen gefällt werden. Zeitdruck kann aber bei weitreichenden Entscheidungen sehr problematisch sein.

Es fehlen Informationen, man kann nicht alles gründlich genug durchdenken, man hat Angst, die falsche Entscheidung zu treffen. Ein weiteres Problem: Kreativität und Zeitdruck vertragen sich schlecht miteinander, unter Zeitdruck fällt es schwerer gute Ideen zu finden.

Was können Sie in einem solchen Fall tun?

- Überprüfen Sie als erstes, ob der Zeitdruck tatsächlich existiert oder nur vorgeschoben ist. Vielleicht will Sie jemand zu einer voreiligen Entscheidung drängen.

- Besorgen Sie sich auf die Schnelle so viele Informationen wie möglich.

- Fragen Sie andere, denen Sie vertrauen und auf deren Urteil Sie sich bisher immer verlassen konnten.

- Setzen Sie sich nicht selbst unter Zeitdruck. Das passiert leicht, wenn Sie unangenehme Entscheidungen so lange hinauszögern, bis ad hoc eine Entscheidung getroffen werden muss.

Mit internen Bedenkenträgern umgehen

Jede Veränderung bringt Unsicherheit. Deshalb ist es normal, dass sich in Ihrem Kopf Bedenkenträger einfinden.

Glaubst Du denn, dass Du das wirklich durchhältst?

Denk doch mal an letztes Jahr, da hat das doch auch nicht geklappt!

Und was ist mit meinem gemütlichen Abend vorm Fernseher, fällt der etwa flach?

Wollen wir das nicht lieber auf nächstes Jahr verschieben?

Vielleicht melden sich auch noch andere Stimmen, etwa die Ihres „Gewissens":

Du musst jetzt endlich mal konsequent sein!

Sei doch nicht so ein Jammerlappen!

Solche inneren Stimmen tauchen automatisch auf, wenn jemand seine **Komfortzone** verlassen will.

Veränderungen bringen fast immer zwei Dinge mit sich: Sie kosten Aufwand und sie bringen Neues. Beides hat positive Seiten, beides widerspricht aber auch zwei zentralen Bedürfnissen von uns Menschen:

- Menschen suchen nach **Sicherheit**. Jede Veränderung bedeutet eine Bedrohung dieses Bedürfnisses; Menschen müssen die gewohnten und bekannten Bahnen verlassen.

- Menschen machen es sich gerne bequem. Wie stark sich das Bedürfnisse nach **Bequemlichkeit** bei Ihnen auswirken, hängt auch davon ab, wie Sie sich bisher in Ihrem Leben eingerichtet haben, wie groß Ihre ganz persönliche Komfortzone ist.

Ignorieren Sie diese Stimmen nicht, setzen Sie sich mit ihnen auseinander. Suchen Sie Argumente, die gegen die Einwände sprechen. Überzeugen Sie sich selbst! Wenn Sie mit zu vielen Bedenken an ihr Vorhaben herangehen, hindern Sie Ihre Gedanken, nehmen Ihnen den Mut und den Elan.

Kurzum: Überlegen Sie, was Sie zögern lässt. Überprüfen Sie dann, was Sie tun können, um Bedenken zu klären. Entscheiden Sie sich dann – auf einer soliden Grundlage.

Ziele hinterfragen

Verhaltensänderung ist Arbeit. Sie brauchen gute Gründe, damit es sich lohnt, diese Anstrengung zu unternehmen und durchzuhalten. Beantworten Sie bitte die folgenden Fragen. Mit ihnen können Sie die Erfolgsaussichten Ihrer Vorhaben prüfen.

Frage 1: Sind die guten Vorsätze auch wirklich Ihre eigenen Ziele?

Wenn Sie etwas ändern wollen, dann sollten Sie erst einmal prüfen, wie wichtig es Ihnen ist, die Änderung tatsächlich in Angriff zu nehmen. Veränderungen, zu denen Sie gedrängt werden, hinter denen Sie aber gar nicht stehen, bedeuten einen geringen Anreiz und haben damit wenig Chancen auf Erfolg. Sie müssen beispielsweise Rauchen aufgeben wollen, Ihre Familie kann Sie unterstützen, deren Drängen darf aber nicht der einzige Grund sein. Ein anderes Beispiel: Wenn Ihre Familie sich immer wieder beklagt, dass Sie zu wenig Zeit für sie haben und Sie Schwierigkeiten haben, sich von der Arbeit zu lösen, liegt es vielleicht schlicht daran, dass Sie lieber Ihren Job machen als sich um zwei kleine, nervige Kinder zu kümmern. Im Job bekommen Sie wahrscheinlich auch mehr Anerkennung.

Frage 2: Ist es etwas, was Sie wirklich wollen?

Sie arbeiten zu viel. Das wissen Sie. Aber Arbeit macht Ihnen Spaß, Sie arbeiten gerne. Warum sollten Sie das gegen mehr Freizeit tauschen. Denn das bedeutet erst einmal, sich wieder an diese Freizeit zu gewöhnen, sich sinnvolle Beschäftigungen zu suchen und vielleicht erst wieder den Freundeskreis aufzubauen, den Sie in den letzten Jahren sträflich vernachlässig haben. Nicht selten würden Pensionäre gerne wieder arbeiten gehen - aus dem selben Grund.

Frage 3: Sind Sie bereit, Anstrengung in Kauf zu nehmen, um etwas zu ändern?

Solange Sie denken, *„eigentlich sollte ich ..."* sind Sie nicht wirklich bereit, etwas zu ändern und werden die Anstrengung wahrscheinlich auch nicht durchhalten. Sie sollten nach einer ehrlicher Prüfung sagen *„Ja, ich will etwas ändern."*

Frage 4: Ist jetzt der richtige Zeitpunkt dafür?

Wenn Sie gerade in einer Lebensphase stecken, die Sie ungemein fordert, wenn Sie eine anstrengende berufliche Herausforderung vor sich haben, sollten Sie abwarten, bis Sie sich wieder in ruhigerem Fahrwasser befinden. Erstellen Sie eine Jahresplanung machen, in die Sie Ihre Vorhaben integrieren.

Es macht wenig Sinn, sich endlich mal intensiv um die eigenen Kinder kümmern zu wollen, wenn diese sich bereit machen, das Haus zu verlassen. Ebenso wenig Sinn macht es meist, mit 55 Jahren noch die große Karriere ansteuern zu wollen.

Frage 5: Sind die Ziele realistisch?

Ziele müssen handfest, konkret sein und tatsächlich in einem überschaubaren Zeitraum erreichbar sein. Es macht wenig Sinn, hinter Zielen herzurennen, die kaum zu erreichen sind.

Schätzen Sie Ihre einzelnen Ziele hinsichtlich der Erreichbarkeit ein:

1	2	3	4
sehr sicher	ziemlich sicher	weniger sicher	unsicher

Frage 6: Können Sie die Ziele aus eigener Kraft erreichen?

Sie sollten einen möglichst großen Einfluss auf die Umsetzung haben. Wenn Ihre Ziele von anderen Menschen, Zufällen oder anderen **Unwägbarkeiten** abhängen, ist der Erfolg zu ungewiss.

Schätzen Sie Ihre einzelnen Ziele hinsichtlich der Abhängigkeit von anderen Faktoren ein:

4	3	2	1
sehr hoch	ziemlich hoch	weniger hoch	gering

Fassen Sie die Ergebnisse beider Einschätzungen zusammen. Je höher die Punktzahl ist, desto schlechter stehen die **Erfolgsaussichten**. Bestenfalls bei sehr attraktiven Zielen sollten Sie solche Unwägbarkeiten in Kauf nehmen. Dann sollten Sie aber darauf achten, dass Ihre Strategie zum Erreichen der Ziele Raum lässt für alternative Vorgehensweisen, damit Sie sich nicht auf Jahre hinaus gänzlich festlegen müssen. In unserer schnelllebigen Zeit ist dies mit deutlichen Risiken verbunden.

Konzentrieren Sie sich auf die Ziele, die Sie aus eigenen Kräften erreichen können.

Frage 7: Ist dies der erste Versuch?

Vielleicht haben Sie schon zum 15. Mal versucht abzunehmen und wollen jetzt den 16. starten. Dann sollten Sie erst einmal überlegen, woran es bei den bisherigen Versuchen gehapert hat. Überlegen Sie sich:

- Was können Sie tun, um ein vorzeitiges Aufgeben zu vermeiden?
- Schreiben Sie sich auf: *Ab jetzt werde ich darauf achten, dass ....*
- Was können Sie tun, falls wieder Hinderungsgründe auftauchen?

- Machen Sie sich einen Notfallplan: Wenn das und das wieder passiert, werde ich ....

Ändern Sie die **Bedingungen**. Versuchen Sie eine neue Herangehensweise aus. Beziehen Sie dabei die bisherigen Stolpersteine mit ein. Wenn Sie sich beispielsweise bisher immer vorgenommen haben, mindestens dreimal pro Woche Sport zu treiben, reduzieren Sie die Anzahl der Tage. Die Wahrscheinlichkeit, dass Sie es einmal pro Woche schaffen, ist deutlich höher. Danach können Sie Ihr Pensum immer noch steigern. Statt alleine Ihre Runden zu drehen, können Sie sich beispielsweise auch einem Lauftreff anschließen.

Der bekannte Motivationspsychologe Heinz Heckhausen hat ein Prüfschema entwickelt, mit dem Sie Ihre Erfolgsaussichten gut einschätzen können:

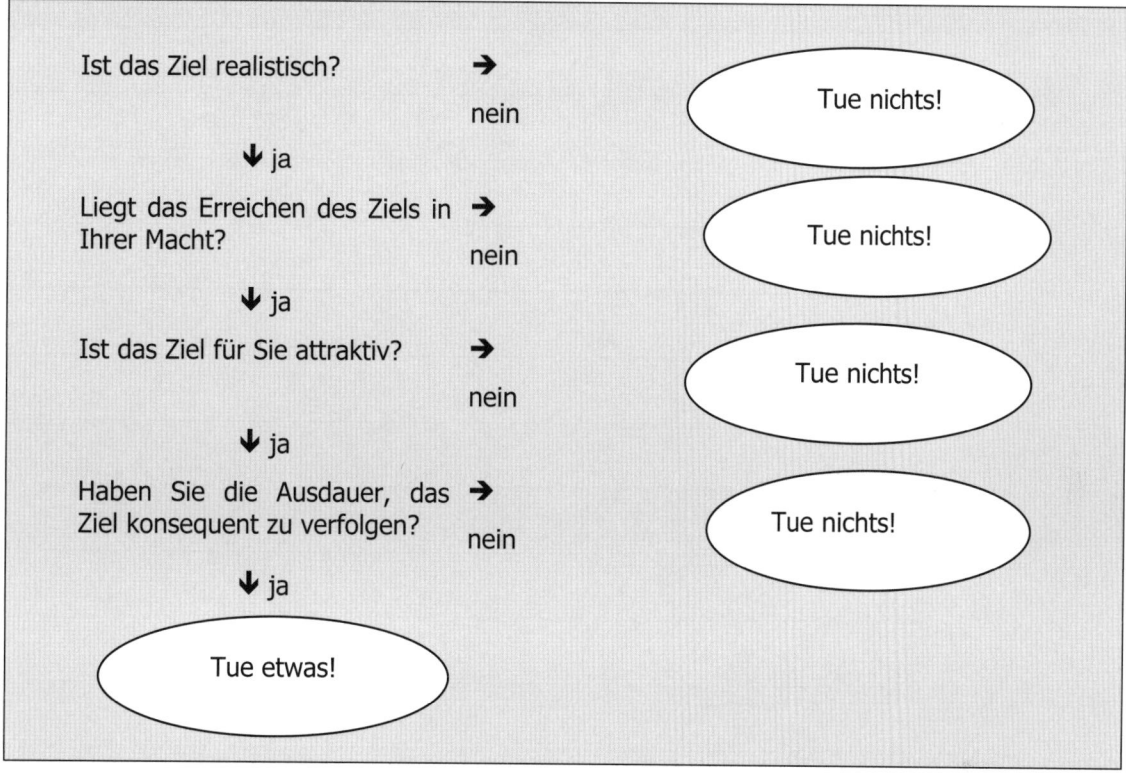

Viele Menschen verzetteln sich, weil sie zu viel auf einmal wollen. Besser eine Beschränkung auf wenige wesentliche Ziele als ein Feuerwerk an Zielen, die sich in der Fülle gar nicht erreichen lassen. Die richtige Strategie lautet: Eines nach dem andern.

 Beschränken Sie sich auf einige wenige Ziele. Je geringer die Zahl, desto besser können Sie sich auf einzelne Ziele konzentrieren.

Umsetzungschancen überprüfen

Jede Veränderung kostet Aufwand, Zeit, manchmal auch Geld, zusätzlich Überwindung, Anstrengung, Durchhaltevermögen, nicht selten auch Frust wegen der **Rückschläge**. Es ist nun mal für die meisten angenehmer, im Sessel bei einem Glas Bier die Sportschau zu gucken als im Nieselregen seine Runden zu drehen.

Dem Aufwand steht ein Gewinn für Sie gegenüber: Gesundheit, Wohlbefinden, mehr Zufriedenheit, ein höheres Ansehen, vielleicht auch mehr Einfluss und mehr Geld.

Wägen Sie den Aufwand und den Nutzen gegeneinander ab. Machen Sie sich eine Tabelle und schreiben Sie unter die beiden Begriffe alle Argumente ein, die Ihnen einfallen. Auch hier können Sie wieder gewichten: Wie wichtig ist Ihnen der einzelne Nutzen, wie hoch schätzen Sie den Aufwand ein?

Was spricht für, was gegen Ihre Vorhaben?

	Vorteile	Nachteile
1.		
2.		
3.		
4.		
5.		
6.		
7.		
8.		

Wägen Sie den Aufwand und den Nutzen gegeneinander ab. Sie können die Argumente zusätzlich gewichten: Wie wichtig ist Ihnen der einzelne Nutzen, wie hoch schätzen Sie den Aufwand ein?

 Nur wenn Sie entscheiden: *Das lohnt sich für mich wirklich*, sollten Sie das Vorhaben beginnen.

Die eigenen Wünsche sollten zudem in Einklang stehen mit den eigenen Fähigkeiten. Die Wahrscheinlichkeit, die Ziele zu erreichen, sollte hoch sein.

 Denken Sie an die **Rahmenbedingungen**. Überlegen Sie, wo Ihre Chancen stecken, erwarten Sie nicht zu viel und seien Sie nicht zu schnell enttäuscht. Beispiel Karriere: Wie Ihre Karriere verläuft, ist nicht nur von Ihrem Können und Ihrer Strategie abhängig. Die eigene Karriereplanung kann auch mal enden, wenn einem ein anderer vor die Nase gesetzt wird, der als „Versorgungsfall" Vorrang hat.

Überlegen Sie deshalb genau, wie hoch der **Aufwand** für Sie ist. Wie kommen Sie beispielsweise damit zurecht, dreimal die Woche für Ihre Fortbildung die Abende zu opfern und den Samstag gleich noch dazu?

Bei manchen Zielen lohnt der Aufwand nicht. Sind die Erfolgsaussichten, sie zu erreichen, zu gering. Dann sollten Sie nach Alternativen suchen.

> Sie stellen spät in Ihrem Leben fest, dass Sie sich für Archäologie interessieren, aber jetzt noch mal zu studieren, einen Beruf daraus zu machen, das scheint Ihnen zu spät. Nichts hindert Sie aber, Archäologie als Hobby zu nehmen, Ausstellungen zu besuchen, Bücher darüber zu lesen, Reisen zu antiken Stätten zu unternehmen.

Hemmnisse ermitteln

Werfen Sie einen Blick zurück. Jedes Vorhaben, auch wenn es nicht geklappt hat, hat mindestens einen Vorteil: Sie können daraus lernen. Sie brauchen nur konsequent eine Frage zu stellen. Die Frage: *Warum?*

Begnügen Sie sich dabei nicht mit einer einfachen oder oberflächlichen Antwort, sondern fragen Sie so lange, bis Sie dem Problem auf den Grund gegangen sind.

So gehen Sie am besten vor:

Beschreiben Sie die Hinderungsgründe so präzise wie möglich

Je besser Sie das Problem einkreisen, desto schneller kommen Sie zu präzisen Antworten. Analysieren Sie als Erstes:

- Was genau ist passiert?
- Wann ist es passiert?
- Welche Umstände waren dafür verantwortlich?
- Worin lag Ihr Anteil?

Fahnden Sie nach den Ursachen

Je gezielter Sie nach den Ursachen fahnden, desto größer ist die Wahrscheinlichkeit, dass Sie nicht nur an den Symptomen herum doktern.

Lernen Sie daraus

Nutzen Sie Hinderungsgründe als Lernchance.

- Wie hätten Sie diese Schwierigkeiten verhindern können?
- Was hätten Sie im Vorfeld anders machen können?
- Was hätten Sie in der Situation anders machen können?

Am besten halten Sie das Ergebnis Ihrer Analyse schriftlich fest – vielleicht in Ihrem Tagebuch.

> Legen Sie sich ein Heft zu, in dem Sie die Erfolge und Erkenntnisse aus Ihren Misserfolgen dokumentieren. Das ist für Sie eine gute Erinnerungsstütze und ein Ratgeber bei zukünftigen Vorhaben.

Zielkonflikte klären

Manchmal will man einfach zu viel. Schnell Karriere machen, viel Zeit mit der Familie verbringen, viel verreisen, seine Hobbys intensiv pflegen. Unzufriedenheit und Überforderung sind dann vorprogrammiert. Sie können nicht alles machen und nicht alles auf einmal. Deshalb sollten Sie darauf achten, sich nicht zu verzetteln.

Überlegen Sie, was für Sie derzeit Priorität hat und was zurückgestellt werden muss. Nur so lassen sich **Zielkonflikte** vermeiden.

Achten Sie auch auf den richtigen Zeitpunkt. Es macht wenig Sinn, sich endlich mal intensiv um die eigenen Kinder kümmern zu wollen, wenn diese sich bereit machen, das Haus zu verlassen, ebenso wenig Sinn macht es meist, mit 58 Jahren noch die große Karriere ansteuern zu wollen.

Ziele sind wichtige Planungshilfen. Dies trifft nicht nur für jeden Einzelnen, sondern auch für Ihren Arbeitsbereich zu. Versuchen Sie deshalb, die Ziele anderer zu ermitteln, Ihrer Mitarbeiter, Kollegen, Vorgesetzen und Ihrer Organisation. Das gilt auch im privaten Bereich: Was will Ihr Partner, Ihre Familie, was wollen Ihre Freunde?

Ihre Ausgangslage ist optimal, wenn sich diese Ziele in Übereinstimmung bringen oder zumindest teilweise vereinbaren lassen.

Motivation überprüfen

Um Ziele zu erreichen, die Sie zwar voran bringen, brauchen Sie Zeit und Energie zwei Dinge: Motivation und Disziplin.

Wenn Sie von vorne herein Probleme mit Ihrer Motivation und Ihrer Disziplin erwarten, ist die Wahrscheinlichkeit recht groß, dass diese Probleme auch auftreten. Dann hilft nur: Entweder die Ziele ändern oder Strategien entwickeln, wie Sie Ihren „inneren Schweinehund" in Schach halten können.

Bei der **Ausdauer**, mit der Sie Ziele verfolgen, spielt die Motivation eine große Rolle. Wer sich nicht bewegen will, kann sich viele Ziele setzen. Er wird seine Ziele aber nicht erreichen.

Um Ihre Motivation richtig einzuschätzen, helfen Ihnen die beiden Fragen:

- Was für einen Gewinn haben Sie persönlich und möglichst unmittelbar vom Erreichen Ihrer Ziele?
- Welche Nachteile entstehen, wenn Sie die Ziele nicht erreichen?

Beides sind wichtige Fragen und beide Fragen sollten Sie sich immer mal wieder selbst beantworten.

 Immer, wenn Sie Schwierigkeiten mit Ihrer Motivation haben, sollten Sie diese Fragen erneut für sich beantworten.

Um Ihre Ziele systematisch zu verfolgen, sind drei Voraussetzungen nötig:

- Ihr starker Wille zur Veränderung
- Ein gutes Durchhaltevermögen
- Zuversicht, dass Ihr Vorhaben klappt.

Mit den folgenden Aussagen können Sie überprüfen, wie es bei Ihnen um diese drei Voraussetzungen bestellt ist.

Wie gut sind die Erfolgsaussichten für Ihre Ziele?

	stimmt	stimmt eher nicht
Wille zur Veränderung		
Ich will unbedingt meine Ziele erreichen.	☐	☐
Ich bin bereit, dafür Zeit und Energie aufzubringen.	☐	☐
Ich will jetzt damit beginnen.	☐	☐
Durchhaltevermögen		
Ich kann mich gut selbst motivieren.	☐	☐
Mit Rückschlägen komme ich gut zurecht.	☐	☐

Wenn ich etwas beginne, bleibe ich auch dabei.	☐	☐
Erfolgszuversicht		
Ich weiß, ich schaffe es, mein Ziel zu erreichen.	☐	☐
Ähnliche Ziele habe ich bereits in der Vergangenheit erreicht.	☐	☐
Ich habe meine Ziele klar vor Augen.	☐	☐

Bei jeder Aussage, der Sie nicht zustimmen konnten, sollten Sie überlegen, wie Sie die Erfolgsaussichten verbessern können.

☞ Fangen Sie mit Zielen an, die sich leicht umsetzen lassen und sichere Erfolge versprechen. Das wird Sie motivieren, die nächsten Ziele in Angriff zu nehmen.

Achten Sie darauf, sich regelmäßig Erfolgserlebnisse zu schaffen oder auch Ihre Ziele mit anderen, angenehmen Dingen zu verbinden.

 Sie wollen Englisch lernen und wandern gerne. Dann bietet es sich an einen Wanderurlaub in England oder Irland mitzumachen, vielleicht verbunden mit einem Sprachkurs.

Sie wollen sich körperlich fit halten und mehr für Ihre Gesundheit tun. Aber joggen finden Sie langweilig, schwimmen zu aufwändig, Sport in der Gruppe scheitert an Ihren vielen Terminen. Andererseits machen Sie gerne Gartenarbeit und freuen sich, wenn alles grünt und blüht. Dann sollten Sie sich regelmäßig Ihrem Garten widmen, notfalls ein Stück anpachten, damit Sie sich richtig austoben können.

Bleibt noch die **Selbstdisziplin**. Ziele zu erreichen bedeutet Arbeit. Das liegt in der Natur der Sache. Ziele, die keinen Aufwand erfordern, haben auch keinen Anreiz für Sie. Die Selbstdisziplin kann schwanken und zwar gleich aus zwei verschiedenen Richtungen:

- Sie tun etwas nicht, obwohl Sie es sich vorgenommen haben: Jeden Tag zwei Stunden zu lernen, endlich den Vortrag auszuarbeiten, weniger zu essen.

- Sie tun etwas, was Sie eigentlich nicht tun wollten: Sie greifen doch wieder zur Zigarette, obwohl Sie gerade damit aufgehört haben, Sie streiten sich doch wieder mit dem Kollegen, obwohl Sie sich vorgenommen haben, nett und freundlich zu bleiben.

Solche Probleme mit der Disziplin kommen vor, sie sollten aber die Ausnahme bleiben. Spätestens wenn sie eher die Regel werden, sollten Sie sich fragen, was dahintersteckt: *Warum bringen Sie so wenig Selbstdisziplin auf?*

- Liegt es an dem Vorhaben? Stehen Sie vielleicht doch nicht richtig dahinter?
- Liegt es an der derzeitigen Situation? Ist etwa Ihre Belastung sehr hoch?
- Liegt es an den Rahmenbedingungen? Gibt es innere oder äußere Widerstände? Steuern andere einen anderen Kurs an?

Bitte seien Sie selbstkritisch. Entschuldigungen finden sich schnell.

Die Kunst der Selbstdisziplin besteht darin, Freude und Interesse an der Umsetzung selbst zu finden. Das schafft die Kraft für das Erreichen von Zielen.

Selbstdisziplinierte Menschen konzentrieren sich auf ihre Zielerreichung. Bei Problemen konzentrieren sie sich auf die Lösungssuche. Undisziplinierte Menschen neigen eher dazu, Ausreden dafür zu suchen, dass sie etwas nicht schaffen.

Sollten Sie häufig den Impuls zu **Ausreden** verspüren, konfrontieren Sie sich selbst ehrlich mit Ihren Ausreden.

> Listen Sie alle Gründe auf, warum Sie etwas nicht erreichen können. Befragen Sie sich dann ernsthaft zu jedem notierten Grund, ob er eine Ausrede ist oder nicht.

Eine gute Methode, Selbstdisziplin zu entwickeln, ist das **Lernen am Modell**. Beobachten Sie Menschen aus Ihrer Umgebung, wie sie erfolgreich und konsequent Ziele erreichen. Es geht nicht darum, eine andere Person zu imitieren. Suchen Sie sich die Verhaltensweisen aus, die Sie beim Aufbau eines selbstdisziplinierten Verhaltens für sich nutzen können. Das optimale Vorbild ist dabei eine Person, die Sie sympathisch finden und die Ähnlichkeit mit Ihnen hat.

Grad der Selbstbestimmung überprüfen

Ob Ihr Vorhaben ein Erfolg wird, hängt zum guten Teil von Ihnen ab, genauer von der Frage, wie gut Sie die Möglichkeiten nutzen, die Ihnen offen stehen und die sich Ihnen bieten. In diesem Punkt wiederum drückt sich der Grad Ihrer **Selbstbestimmung** aus.

Fünf Faktoren beeinflussen den Grad der Selbstbestimmung:

Wahrnehmung der Möglichkeiten

Selbstbestimmte Menschen nehmen sich als Macher wahr. Sie sind der Ansicht, Ihr Leben selbst gestalten zu können, viel Einfluss auf ihren eigenen Erfolg und auf das Verhalten anderer zu haben.

Streben nach Unabhängigkeit

Selbstbestimmte Menschen wünschen sich ein autonomes Leben, unanhängig von Anderen. Ihnen fällt es auf der anderen Seite oft schwer, sich unterzuordnen.

Umgang mit Ungewissheit

Selbstbestimmte Menschen haben keine Probleme, sich neuen, unbekannten Situationen zu stellen. Sie haben Schwierigkeiten mit starren Regeln und betonierte Strukturen.

Bereitschaft Risiken einzugehen

Selbstbestimmte Menschen experimentieren gerne und gehen Risiken ein. Allerdings sollten diese Risiken kalkulierbar sein.

Bereitschaft sich durchzusetzen

Selbstbestimmte Menschen treten für ihre Überzeugungen ein und sind auch bereit, die eigenen Wünsche gegenüber Interessen anderer durchzusetzen.

Wie selbstbestimmt sind Sie? Mit den folgenden Fragen können Sie es überprüfen.

> Bitte kreuzen Sie jeweils nur eine der drei Möglichkeiten an.
>
> **1. Wenn ich mein Leben betrachte ...**
>
> ☐ War vieles vorbestimmt — 3
> ☐ Hatte ich einige Möglichkeiten — 2
> ☐ Hatte ich viele attraktive Möglichkeiten — 1
>
> **2. Ich habe immer versucht ...**
>
> ☐ Meinen eigenen Weg zu gehen — 1
> ☐ Gemeinsam mit meiner Familie, meinem Partner einen gemeinsamen Weg zu suchen — 2
> ☐ Mich den Wünschen anderer unterzuordnen — 3

3. Ich bin ein Mensch ...
- ☐ Der immer wieder neue Herausforderungen sucht — 1
- ☐ Sich gerne auch mal neuen Aufgaben stellt — 2
- ☐ Lieber in den gewohnten Bezügen bleibt — 3

4. Abenteuerurlaub ...
- ☐ Ist nichts für mich — 3
- ☐ Gefällt mir, wenn er gut organisiert wird — 2
- ☐ Unternehme ich gerne auf eigene Faust — 1

5. Wenn ich etwas wirklich will ...
- ☐ Suche ich einen Kompromiss, der allen gerecht wird — 3
- ☐ Suche ich einen Kompromiss, der möglichst viele Vorteile für mich hat — 2
- ☐ Setze ich das auch durch — 1

6. Was ich in den nächsten Jahren erreiche ....
- ☐ Hängt von vielen Faktoren ab — 3
- ☐ Hängt von den Umständen ab, aber auch von meinem Einsatz — 2
- ☐ Hängt zum guten Teil von mir selbst ab — 1

7. Entscheidungen ....
- ☐ Treffe ich am liebsten selbst — 1
- ☐ Treffe ich gerne selbst, frage vorher aber andere — 2
- ☐ Treffe ich am liebsten gemeinsam — 3

8. Eine neue Stelle im Ausland ....
- ☐ Würde ich eher ablehnen — 3
- ☐ Würde ich nur nach gründlicher Prüfung annehmen — 2
- ☐ Würde ich sofort annehmen — 1

9. Ein Projekt mit unsicherem Ausgang ....
- ☐ Betrachte ich als Herausforderung — 1
- ☐ Würde ich erst bis ins Detail prüfen, bevor ich mich entscheide — 2
- ☐ Würde ich eher ablehnen — 3

10. Für meine Überzeugung ...
- ☐ Würde ich einstehen — 3
- ☐ Würde ich mich immer einsetzen — 2
- ☐ Würde ich bis zum letzten kämpfen — 1

In der letzten Spalten finden Sie bei den 12 Aufgaben die Punktzahl. Bitte übertragen Sie sie in die folgende Tabelle. Schreiben Sie die Zahl jeweils in das graue Kästchen.

Merkmal \ Frage	1	2	3	4	5	6	7	8	9	10	**Gesamt**
Wahrnehmung der Möglichkeiten	■					■					
Streben nach Unabhängigkeit		■					■				
Umgang mit Ungewissheit			■								
Bereitschaft Risiken einzugehen				■				■			
Bereitschaft sich durchzusetzen					■				■		

Zählen Sie jetzt die Punkte spaltenweise zusammen und tragen Sie sie unter Gesamt ein. Jetzt können Sie Ihre Gesamtpunktzahl bestimmen.

10 bis 16 Punkte	Man kann Sie als ausgesprochen selbstbestimmt bezeichnen. Sie wissen, was Sie wollen und setzen das auch um. Die Gefahr, die dabei besteht: Dass Sie Ihre Vorstellungen auf Kosten anderer durchsetzen, Stimmen Sie deshalb Ihre Vorhaben ab, mit dem Partner, mit den Kollegen. Außerdem sollten Sie darauf achten, dass Sie sich nicht selbst zu stark unter Druck setzen.
17 bis 22 Punkte	Sie setzen Ihre Vorstellungen durch, achten aber dabei darauf, dass Sie sich nicht selbst überfordern und dass andere mit Ihnen Schritt halten können.
23 bis 30 Punkte	Achten Sie bitte darauf, dass Sie sich nicht zu stark abhängig machen von den Wünschen und Vorstellungen anderer. Probieren Sie Neues aus, auch wenn der Erfolg nicht gleich sichtbar ist.

Sie können zusätzlich sich ansehen, wie viele Punkte Sie bei den einzelnen Merkmalen erreicht haben.

2 Punkte	Diese Fähigkeit ist bei Ihnen sehr ausgeprägt.
3 bis 4 Punkte	Die Fähigkeit ist bei ihnen gut erkennbar.
5 bis 6 Punkte	Diese Eigenschaft ist bei Ihnen nicht ausgeprägt.

Freuen Sie sich über Ihre Ergebnisse. Sind Sie bei einem Punkt nicht zufrieden, sollten Sie genauer hinsehen:

- Was hindert Sie daran, sich selbstbestimmt zu verhalten?
- In welchen Situationen verhalten Sie sich entgegen Ihrem Wunsch?
- Was sind die Gründe dafür?

Was Sie im Einzelnen tun können:

1. **Wahrnehmung der Möglichkeiten**	Suchen Sie sich neue Möglichkeiten. Erweitern Sie Ihre Grenzen.
2. **Streben nach Unabhängigkeit**	Werden Sie sich klar darüber, was Sie möchten. Verfolgen Sie die Dinge mit Nachdruck, die Ihnen wichtig sind.
3. **Umgang mit Ungewissheit**	Entfliehen Sie aus dem Gewohnten, der Routine. Stellen Sie sich neuen Herausforderungen.
4. **Bereitschaft Risiken einzugehen**	Trauen Sie sich. Gehen Sie überschaubare Risiken ein.
5. **Bereitschaft sich durchzusetzen**	Sagen Sie, was Sie wollen. Bestehen Sie darauf, dass Ihre Wünsche gehört und berücksichtigt werden.

Haben Sie das Verhalten analysiert und die Gründe ermittelt, können Sie einen Schritt weiter gehen:

- Experimentieren Sie mit Ihrem Verhalten.
- Beobachten Sie, was in der Situation passiert.

Selbstbestimmung hilft Ihnen Ihre Ziele zu erreichen. Auch hier kommt es auf Sie an.

Ziele greifbar machen

Sie haben Ihre Ziele gefunden. Jetzt geht es an die konkrete Zielformulierung. Denn es kommt nicht nur darauf an, dass Sie Ziele definieren und diese Ziele zum Maßstab für Ihr Handeln machen, Sie müssen die Ziele auch **richtig** formulieren.

> Nehmen Sie für diesen wichtigen Schritt Zeit. Die Formulierung ist etwas aufwändig, aber auch wichtig. Diesen Schritt brauchen Sie ja nur einmal zu gehen.

Wenn Sie bei der Zielformulierung die folgenden Kriterien berücksichtigen, wird es Ihnen leichter fallen, eine motivierende Orientierung für das eigene Handeln zu gewinnen.

- Formulieren Sie Ihre Ziele so präzise wie möglich. Je klarer und konkreter die Formulierung ist, desto besser prägt sie sich Ihnen ein.

    Statt: „Ich will mehr Zeit für mich und meine Familie haben,"

    Besser: „Ich will jeden Tag mindestens 2 Stunden Zeit für mich und meine Familie reservieren.

    Statt: „Ich will mehr für meine Gesundheit tun."

    Besser: „Ich treibe jede Woche an mindestens zwei Tagen Sport."

- Formulieren Sie Ihre Ziele positiv, vermeiden Sie Wörter wie „nicht" oder „kein". Das angestrebte Ziel muss attraktiv für Sie sein, es soll Sie motivieren. Formulieren Sie es deshalb so, dass Ihre Lust, daran zu arbeiten, immer wieder unterstützt wird.

    Statt: „Ich will nicht mehr so viel Alkohol trinken."

    Besser: „Ich trinke nur noch am Wochenende maximal zwei Gläser Wein am Abend."

> **Zwei Tipps, wie Sie professionell Ziele formulieren**
>
> - Versehen Sie Ihre Ziele mit konkreten Terminen.
>
>   Setzen Sie sich bei Zielen immer Termine, bei langfristigen und wichtigen Zielen gegebenenfalls auch Zwischentermine.
>
> - Machen Sie Ihre Ziele überprüfbar.
>
>   Ihre Ziele sollten Sie so formulieren, dass Sie auch tatsächlich überprüfen können, ob Sie sie erreicht haben.

Ihre langfristigen Zielvorstellungen gilt es jetzt zu konkretisieren. Nehmen Sie als Zeitraum die nächsten zwölf Monate. Welche Ziele wollen Sie bis dahin erreicht haben? Beschreiben Sie sie so präzise wie möglich.

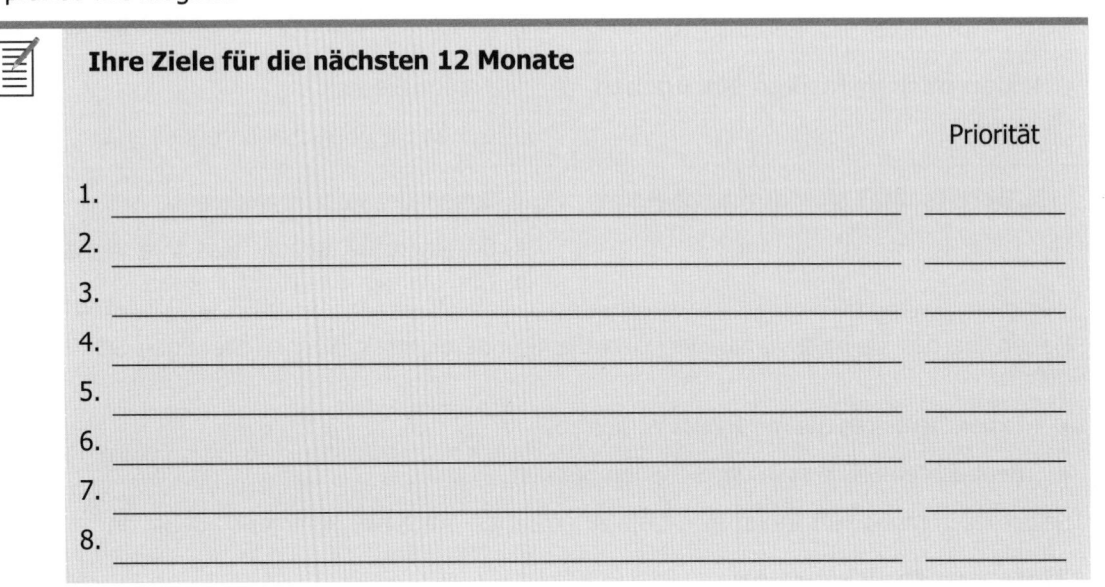

Ihre Ziele für die nächsten 12 Monate

Priorität

1. _____ _____
2. _____ _____
3. _____ _____
4. _____ _____
5. _____ _____
6. _____ _____
7. _____ _____
8. _____ _____

Damit Sie Ihre Ziel genauer fassen können, hilft manchmal auch, sich das Gegenteil vorzustellen: Was müssten Sie etwa tun, um zu vermeiden, ein guter Vater zu sein. Da fallen Ihnen sicher eine Menge Sachen ein. Jetzt brachten Sie die Anforderungen nur ins Positive umdrehen, schon wissen Sie, was Sie tun müssen.

Noch ein Tipp: Beschränken Sie die Zahl der Ziele: Fünf Ziele sind besser als acht, acht besser als zehn. Je anspruchsvoller einzelne Ziele, desto weniger sollten Sie gleichzeitig in Angriff nehmen.

> Halten Sie Ihre Ziele **schriftlich** fest, damit Sie sie wieder vornehmen, revidieren und überprüfen können.

Wenn Sie nun Ihre Ziele aufgeschrieben haben, sie regelmäßig lesen, kontrollieren, korrigieren und fortschreiben, dann haben Sie die Voraussetzung für einen besseren Umgang mit der Zeit geleistet: Die Klarheit der eigenen Ziele ist die Bedingung dafür, Prioritäten setzen zu können und letztlich im Alltag den Überblick zu behalten. Nun können Sie Ihre Entscheidungen und Tätigkeiten an diesen Zielen ausrichten und Ihren Erfolg messen.

Sie wissen, was Sie wollen, die Erfolgsaussichten sind gut, jetzt können Sie die Planung in Angriff nehmen.

Zusammenfassung

Legen Sie die Ziele für die nächsten 12 Monate fest.

Schätzen Sie die Erfolgsaussichten ab.

Beachten Sie dabei Ihre Fähigkeiten, die Rahmenbedingungen und den Aufwand.

Achten Sie auf Zielkonflikte.

Stimmen Sie Ihre Ziele mit anderen ab.

Formulieren Sie diese Ziele so konkret und anschaulich wie möglich.

Was wollen Sie von den Hinweisen in diesem Kapitel umsetzen? Schreiben Sie sich bitte alle wichtigen Punkte auf. Nutzen Sie dazu die Umsetzungshilfe am Ende dieses Arbeitsheftes.

Schritt 4: Erfolg planen

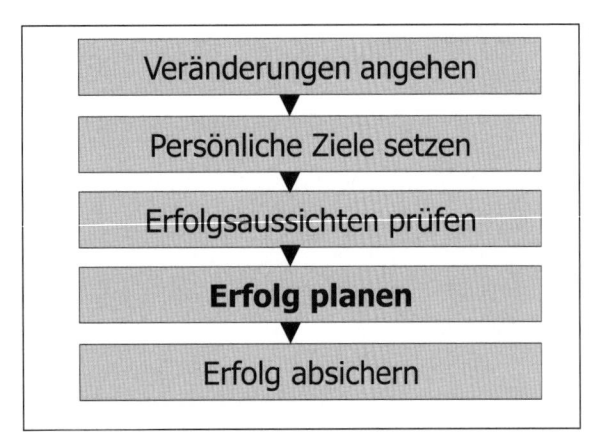

- Veränderungen angehen
- Persönliche Ziele setzen
- Erfolgsaussichten prüfen
- **Erfolg planen**
- Erfolg absichern

Was immer Sie sich vornehmen: Sie sollten an Ihre Veränderungen zielstrebig und konsequent herangehen. Dabei muss jeder für sich seinen eigenen Weg und das richtige Tempo finden. Mit der richtigen Planung sichern Sie Ihren Erfolg ab.

Denn nichts ist so deprimierend wie der 10. Anlauf und die schwindende Hoffnung, dass es ja jetzt vielleicht einmal klappen könnte. Davor sollten Sie sich schützen. Was gar nicht schwer ist, wenn Sie systematisch vorgehen.

Wochen- und Tagesziele ableiten

Ein Jahr ist lang, deshalb sollten Sie die Ziele herunter brechen, aus den **Jahreszielen** Wochen- und Tagesziele ableiten.

Die **Wochenziele** sollten Sie möglichst am Ende der Woche für die folgende aufstellen. Die Frage, die Sie sich jeweils stellen sollten, lautet: *Was muss ich diese Woche tun, um den langfristigen Zielen näher zu kommen?*

Freitags können Sie dann kontrollieren, ob Sie die aktuellen Wochenziele umgesetzt haben. **Tagesziele** sollten Sie am Vorabend oder zu Beginn eines jeden Arbeitstages festlegen.

Wenn Sie Ihren Tag planen, können Sie alles, was zu tun ist, mit Hilfe einer einfachen Frage beurteilen: *Was führt mich zu meinen Zielen?*

Diese Dinge haben dann möglichst **Priorität**. Wenn Sie Ihren Tag planen, planen Sie gleich genügend Zeit für Ihr Vorhaben ein. Wenn Sie etwas Neues beginnen, fragen Sie sich: Führt mich das zu meinen Zielen? Wenn nein, lassen Sie das Projekt möglichst fallen. Falls dies nicht möglich ist, verwenden Sie nur so viel Zeit und Energie auf die Arbeit, wie unbedingt notwendig ist.

> Nutzen Sie Ziele als Filter. Vielleicht haben Sie viele Ideen und verzetteln sich auch mal. Wenn Sie Ihre Ziele als Filter nutzen, erreichen Sie alles Wichtige, sind erfolgreicher und zufriedener.

Übertragen Sie die Ziele auf ein Blatt oder schreiben Sie sie in ihr Zeitplanbuch. Nehmen Sie sich jeden Montagmorgen 15 Minuten Zeit, die Wochenziele festzulegen und schreiben Sie sie auf.

> Sie haben sich vorgenommen, in Englisch verhandlungssicher zu werden und planen für das nächste Frühjahr einen Sprachkurs in Malta. Sie wollen sich darauf vorbereiten. Dann können Sie für jede Woche und auch für jeden Tag festlegen, welche Lektionen im Lehrbuch Sie durcharbeiten wollen, welche englische Lektüre Sie bis wann lesen wollen.

Raum zur Umsetzung schaffen

Um Ihre Ziele zu erreichen, brauchen Sie Zeit. Vielfach müssen Sie sich Freiräume schaffen, um neue Dinge angehen zu können. Klavier spielen zu lernen, schafft niemand in ein paar Wochen, ein Studium neben der Arbeit kann sechs oder mehr Jahre in Anspruch nehmen. Überlegen Sie, wie viel Zeit Sie brauchen und wie Sie diese Zeit für sich schaffen können.

Überprüfen Sie bei dieser Gelegenheit Ihr **Zeitmanagement**. Vielleicht können Sie durch Verbesserungen Zeit einsparen, Zeit, die Sie sicherlich gut gebrauchen können.

Hier eine Liste der besten Tipps zum Thema Zeitmanagement, die Sie nicht nur kennen, sondern auch beherzigen sollten. Kreuzen Sie bitte jeweils an, welche Tipps Sie ausprobieren wollen:

Tipp 1: Achten Sie auf das Mögliche.

Sie haben nur eine begrenzte Arbeitszeit und Sie haben nur eine begrenzte Energie. Selbst wenn Sie immer mehr arbeiten, irgendwann ist auch diese Zeit begrenzt. Letztlich hilft nur, die Aufgaben und die Arbeiten auf das Mögliche zu begrenzen. Auf das Pensum, dass Sie in Ihrer regulären Arbeitszeit tatsächlich bewältigen können. Permanent über sein Soll zu arbeiten, macht langfristig unzufrieden und nagt an Ihrer Gesundheit. Auch hier hilft nur, Aufträge auch mal abzulehnen. Sie müssen nicht alles machen und Sie müssen nicht alles gleich und sofort machen. Lernen Sie NEIN zu sagen, auch wenn die Aufgabe noch so attraktiv zu sein scheint.

☐ Tipp kenne ich   ☐ Tipp kenne ich noch nicht   ☐ Tipp nutze ich   ☐ Tipp möchte ich ausprobieren

Tipp 2: Erstellen Sie unbedingt immer eine Liste Ihrer Aufgaben.

Und machen Sie – wenn möglich – eine Planung für Ihren Tag und eine Planung für Ihre Woche. Natürlich schriftlich. Mit einem professionellen Zeitplaner oder einfach auf einem Zettel. Was wir aufgeschrieben haben, hält uns den Kopf frei, und wir erhalten eine bessere Übersicht.

☐ Tipp kenne ich   ☐ Tipp kenne ich noch nicht   ☐ Tipp nutze ich   ☐ Tipp möchte ich ausprobieren

Tipp 3: Planen Sie Ihre Zeit realistisch ein.

Zeitforscher haben herausgefunden, dass viel Zeit – nämlich 40 % für Unvorhergesehenes und für soziale Aktivitäten benötigt werden. Somit sollten Sie möglichst nur 60% verplanen. Oder zumindest deutlich weniger als 100%. Es ist erwiesenermaßen völlig unmöglich, den ganzen Tag vollständig zu verplanen. Am Abend oder am Wochenende zeigt sich dann, dass vieles nicht erledigt wurde. Und das macht auf Dauer sehr unzufrieden. Also von vorneherein etwas Zeitpuffer einrechnen.

☐ Tipp kenne ich   ☐ Tipp kenne ich noch nicht   ☐ Tipp nutze ich   ☐ Tipp möchte ich ausprobieren

Tipp 4: Achten Sie auf das Verhältnis von Aufwand und Ertrag (Arbeitsergebnis).

Dies gilt im beruflichen wie auch im privaten Bereich. Dieses Prinzip, auch unter dem Namen 80:20-Regel oder Pareto-Regel bekannt, besagt, dass schon 20 Prozent unserer Arbeitszeit ausreichen, um 80 Prozent unserer Arbeitsergebnisse zu sichern. Danach feilen wir nur noch an der Optimierung der Ergebnisse herum. Im Zeitstress bedeutet das, dass wir hier vielleicht auch einmal eine Arbeit „unvollkommen" beenden können. Leistung ist Arbeit pro Zeit.

☐ Tipp kenne ich   ☐ Tipp kenne ich noch nicht   ☐ Tipp nutze ich   ☐ Tipp möchte ich ausprobieren

Tipp 5: Geben Sie auch mal eine Aufgabe ab.

Delegieren Sie Aufgaben, ob am Arbeitsplatz oder zu Hause. Oder fragen Sie andere um Unterstützung. Sie müssen nicht alles immer alleine machen. Manchmal ist es ganz einfach und unkompliziert, dass andere etwas für Sie übernehmen.

☐ Tipp kenne ich   ☐ Tipp kenne ich noch nicht   ☐ Tipp nutze ich   ☐ Tipp möchte ich ausprobieren

Tipp 6: Seien Sie großzügig mit Schätzungen.

Geben Sie gegenüber anderen mehr Zeitbedarf für eine Tätigkeit an, als Sie voraussichtlich brauchen. So kommen Sie nicht unter Zeitdruck, und wenn Sie eher fertig sind, ernten Sie zusätzlich ein Lob.

☐ Tipp kenne ich   ☐ Tipp kenne ich noch nicht   ☐ Tipp nutze ich   ☐ Tipp möchte ich ausprobieren

Tipp 7: Vermeiden Sie Wartezeiten.

Sie gehen sicher auch nicht Punkt 12 Uhr in die Kantine, weil dann das Gedränge am größten ist. Aber auch an anderen Stellen kann man Wartezeit vermeiden, wenn man nicht gerade dann hingeht, wenn alle anderen dies auch tun. Dies gilt etwa für Kopierer, Kaffeeautomaten und die Materialausgabe.

Zeit sparen können Sie auch bei Terminen. Wenn Sie einen auswärtigen Termin morgens auf 9:00 Uhr legen, müssen Sie mit Staus und damit unnötige Wartezeiten rechnen. Wenn Sie erst um 10:00 Uhr losfahren, sparen Sie Zeit. Zumal Sie dann vorher im Büro noch Dinge erledigen können, zu einer Zeit, wo noch nicht so viele Anrufe kommen.

☐ Tipp kenne ich   ☐ Tipp kenne ich noch nicht   ☐ Tipp nutze ich   ☐ Tipp möchte ich ausprobieren

Tipp 8: Nutzen Sie Leerzeiten

Es gibt nicht nur berufliche Zeitdiebe. Auch wenn Sie die Tür zu Ihrem Büro zumachen, können Sie Zeit gewinnen: Um sich zu erholen, um sich fortzubilden oder einfach freie Zeit zu genießen. Wartezeiten, Fahrtzeiten, also Zeiten, in denen Sie "nichts" tun, sind Leerzeiten. Auch hier gibt es zwei Möglichkeiten:

- Sie füllen die Zeit sinnvoll oder
- Sie genießen einfach die Zeit.

Manchmal kann eine Leerzeit sehr erholsam sein. Bei viel Stress und Betriebsamkeit ist es ganz angenehm, einmal nichts tun zu müssen. Wenn Sie die Erholung nicht brauchen, gibt es verschiedene Möglichkeiten, Leerzeiten mit Nützlichem zu verbinden.

Übrigens lassen sich unterwegs auch Ideen ohne Zeitstress entwickeln.

☐ Tipp kenne ich   ☐ Tipp kenne ich noch nicht   ☐ Tipp nutze ich   ☐ Tipp möchte ich ausprobieren

Acht Tipps, mit denen Sie Ihr Zeitmanagement noch besser in den Griff bekommen. Probieren Sie die Tipps aus, mit denen Sie noch nicht arbeiten.

Überlegen Sie bitte auch, wie intensiv Sie etwas tun wollen und welche **Perfektion** Sie erreichen wollen. Wollen Sie beispielsweise Ihr Studium nur abschließen, wollen Sie es möglichst schnell abschließen oder gar mit einer bestimmten Note? Wollen Sie Klavier so gut lernen, dass Sie es zum Ausgleich für Ihren stressigen Job nutzen können oder wollen Sie sich anderen Musikern anschließen?

Fangen Sie früh genug an, wenn Sie Ihre Ziele zu einem bestimmten Stichtag erreichen wollen, sich etwa auf eine Prüfung vorbereiten. Langfristige Ziele können allerdings ihre Bedeutung für eine bestimmte Zeit verlieren, weil andere Ziele in den Mittelpunkt treten.

> **Bsp** Sie wollen sich in den nächsten Jahren durch Fortbildung für höherwertige Aufgaben qualifizieren, Ihre Familie hat aber gerade Zuwachs bekommen.

Dann müssen Sie Ihre **Prioritäten** neu setzen. Lassen Sie sich nicht beirren, geben Sie Ihre langfristigen Ziele nicht gleich auf, überlegen Sie vielmehr, wie Sie den Zeitplan und die Zwischenziele anpassen können.

Ablenkungen vermeiden

Sie haben viel zu tun, Sie haben viele Verpflichtungen. Und trotzdem wollen Sie an Ihren Zielen arbeiten. Dazu benötigen Sie aber meist Zeit. Aber woher nehmen?

Viele Freizeitmöglichkeiten stehen Ihnen zur Verfügung, um sich zu entspannen. Die bequemsten Möglichkeiten sind dabei wohl das Fernsehen und Computerspiele, denn da braucht man noch nicht mal seine Wohnung zu verlassen. Schnell ist man deshalb geneigt, sich ablenken zu lassen.

Übrig bleibt dann aber schon mal ein fahler Geschmack, wenn Sie dam Sonntag Abend feststellen, dass das Wochenende eigentlich genauso unbefriedigend und leer war wie mancher Arbeitstag. Schnell bleibt das Gefühl zurück, man würde dahin treiben, seine Zeit verplempern.

Das bedeutet nun nicht zwangsläufig, dass man den Fernseher aus seinen vier Wänden verbannen sollte. Das Schlüsselwort lautet: bewusst nutzen.

> Welche **Ablenkungen** sollten Sie einschränken? Welche kosten Sie zu viel Zeit? Welche kosten Ihnen zu viel Zeit?
>
> _____
> _____
> _____
> _____
> _____
> _____

Entscheiden Sie: Wollen Sie die Ablenkung einschränken oder ganz aufgeben? Und: Womit wollen Sie anfangen?

Stellen Sie eine Prioritätenliste auf.

So ungewöhnlich sich dies vielleicht anhört, aber der Ablenkungsfalle entgeht man nur, wenn man seine Zeit plant, auch die Freizeit. Dazu gehört auch, dass man sich wegen einer anstrengenden Woche bewusst für Ablenkung und Entspannung entscheidet.

Mit Anreizen arbeiten

Wenn Sie fünf Jahre fast Ihre gesamte Freizeit opfern, können Sie fließend Japanisch sprechen und schreiben lernen. Das ist nicht gerade ermutigend. Je langfristiger die Ziele, je umfangreicher das Vorhaben, desto schwieriger für Sie, Zeit und Motivation dafür aufzubringen. Desto wichtiger sind für den Erfolg **Belohnungen**. Immer, wenn Sie ein Etappenziel erreicht haben, können Sie sich darüber freuen und sollten sich dafür belohnen. Nehmen Sie die Belohnungen mit in Ihren Veränderungsplan auf, gehen Sie einen schriftlichen Vertrag mit sich selbst ein: *Wenn ich bis zum 20. März dies Etappenziel erreicht habe, belohne ich mich mit ...*

Machen Sie sich eine Liste mit Belohnungen; das motiviert zusätzlich. Je wichtiger das Etappenziel, desto größer dürfen die Belohnungen sein.

> ☞ Denken Sie an den Grundsatz: Kleine Ziele, kleine Belohnungen, große Ziele, große Belohnungen.

Probieren Sie das gleich mal aus. Erstellen Sie sich eine Liste mit Belohnungen.

Welche Belohnungen sehen Sie vor? Wann wollen Sie sie einsetzen?	Tages-ziel	Wochen-ziel	Monats-ziel
_____	☐	☐	☐
_____	☐	☐	☐
_____	☐	☐	☐
_____	☐	☐	☐
_____	☐	☐	☐
_____	☐	☐	☐
_____	☐	☐	☐
_____	☐	☐	☐
_____	☐	☐	☐
_____	☐	☐	☐

Belohnungen können von einem guten Glas Wein, das Gespräch mit der Freundin über einen Kinobesuch bis zu einem Wochenendtrip reichen.

Erfolgserlebnisse in Verbindung mit Belohnungen motivieren uns nicht nur, sie schaffen auch ein anderes Bild von unserem Vorhaben. Was Ihnen am Anfang schwierig und problematisch erschien, wird mehr und mehr zu einer Herausforderung, die Sie sicher bewältigen. Je mehr Erfolge Sie haben, desto zuversichtlicher werden Sie. Erfolgserlebnisse schützen Sie zudem davor, dass Sie wiederholt Vorhaben aufgeben, weil Sie die Veränderung einfach nicht hinbekommen. Irgendwann drückt das dann ziemlich auf das Selbstwertgefühl und der Elan schwindet zusehends, sich wieder neuen Herausforderungen zu stellen.

Umsetzungsplan erstellen

Machen Sie sich einen Plan. Halten Sie alle wichtigen Punkte schriftlich fest, Ihre Ziele, die zeitliche Planung, Ihre Zwischenziele.

Nutzen Sie bei der Planung die **Salami-Taktik**. Je langfristiger die Ziele, desto anfälliger sind sie gegenüber Verschiebungen, Vernachlässigung, desto schneller verlieren Sie die Lust. Ein einfaches Mittel dagegen: Zergliedern Sie Ihr Gesamtziel in Etappenziele.

Bsp	Wenn Sie in 12 Monaten 10 Kilo abnehmen wollen, dann können Sie sich für jeden Monat ein Kilo vornehmen und haben sogar noch zwei Monate in Reserve, für den „Notfall".

Die Vorteile für Sie:

- Mit Teilzielen haben nicht ein Ziel, sondern viele. Und mit vielen Zielen haben Sie auch viele Erfolgserlebnisse und viele Kontrollpunkte auf dem Weg zum Erfolg.

- Und statt eines ungewissen Erfolgserlebnisses ganz zum Schluss können Sie zwischendurch immer wieder, vielleicht sogar jeden Tag, jede Woche Ihren Erfolg abhaken und Ihren Fortschritt sehen.

Seien Sie großzügig mit der zeitlichen Planung. Es kann immer mal passieren, dass Sie tatsächlich keine Zeit oder auch mal keine Lust haben. Dann sollte Ihr schöner Plan nicht gleich aus den Fugen geraten und statt Erfolgserlebnissen sich Misserfolge und Missstimmung einstellen.

Persönliches Veränderungsmanagement — Schritt 4: Erfolg planen

Sehen Sie ab und zu **Puffer** vor. So können Sie das Wochenende freihalten und nur dann in Ihren Plan mit einbeziehen, wenn Sie bis Freitag Ihr Pensum nicht erreicht haben. Nebenbei ist dann das freie Wochenende auch gleich eine Belohnung für Sie.

Immer, wenn Sie ein Zwischenziel zum vorgegebenen Ziel erreicht haben, haben Sie einen **Meilenstein** erreicht. Freuen Sie sich darüber und belohnen Sie sich dafür.

Umsetzungsplan

Ziele — Welche Ziele will ich erreichen?

1. ___
2. ___
3. ___
4. ___
5. ___
6. ___

Motivation — Warum ist es für mich wichtig, diese Veränderung zu erreichen?

1. ___
2. ___
3. ___
4. ___

Start — Wann will ich den ersten Schritt tun? ___

Abschluss — Bis wann will ich fertig sein? ___

Schritte — In welchen Schritten will ich vorgehen?

1. ___
2. ___
3. ___
4. ___
5. ___
6. ___

Meilensteine — Welches Teilziel will ich am Ende des Schrittes erreicht haben? Bis wann will ich soweit sein?

Meilenstein	Termin
1.	
2.	
3.	
4.	
5.	
6.	

Dieser Plan begleitet Sie, bis Sie Ihr Ziel erreicht haben.

> Achten Sie darauf, dass Ihre Ziele, Ihre Strategie Raum lässt für alternative Vorgehensweisen, damit Sie sich nicht auf Jahre hinaus gänzlich festlegen müssen. In unserer schnelllebigen Zeit ist dies mit deutlichen Risiken verbunden.

Mit kleinen Schritten beginnen

Fangen Sie lieber langsam an, ein Sportler macht sich auch erst warm. Sorgen Sie gerade am Anfang für schnelle und sichere Erfolgserlebnisse. Das motiviert ungemein.

Auch die längste Reise beginnt mit dem ersten Schritt. Es kommt nicht darauf an, wie groß der Schritt ist, den Sie als erstes tun, sondern dass Sie ihn überhaupt tun. Und es ist wichtig, dass Sie mit dem ersten Schritt gleich ein Erfolgserlebnis haben. Sich als Ungeübter nach zwei Kilometern Joggen völlig abgekämpft zu fühlen, ist nicht unbedingt eine gute Motivation für den nächsten Tag und die nächste Etappe.

Der erste Schritt sollte Sie nicht gleich überfordern. Statt sich vorzunehmen, jetzt und sofort jeden Monat fünf Kilo abzunehmen, können Sie sich zu Beginn sich erst einmal das Ziel setzen, in den nächsten zwei Wochen nicht mehr zuzunehmen.

> Überprüfen Sie noch einmal, ob das Tempo, mit dem Sie Ihr Ziel umsetzen wollen, Ihren persönlichen Voraussetzungen wirklich entspricht.

Auch hierzu ein Beispiel:

> **Bsp** Sie möchten Ihre alte Gewohnheit des übermäßigen Verzehrs von Süßigkeiten verändern. Deshalb haben Sie sich vorgenommen, die Gewohnheit stets durch Obstessen zu ersetzen.
>
> Woran liegt es, dass Sie gar keine Lust haben, sofort damit anzufangen? Vielleicht merken Sie bei der Überprüfung, dass Sie überhaupt nicht vollständig auf Süßigkeiten verzichten möchten.
>
> Sie korrigieren Ihren Plan – beispielsweise machen Sie abwechselnd Obst- und Süßigkeiten-Tage: im 1. Schritt abwechselnd 1 Tag Obst, 1 Tag Süßigkeiten, im 2. Schritt 2 Tage Obst, 1 Tag Süßigkeiten.
>
> Ein kleiner erreichbarer Schritt ist besser als ein großer, schwieriger Sprung.

Danach können Sie die Anforderungen immer noch steigern. So starten Sie mit einem **Erfolgserlebnis**, schützen sich vor Enttäuschungen, die fast zwangsläufig auf übertriebene Zielsetzungen folgen und nur das Gefühl verstärken, schwach und unfähig zu sein.

Gewohnheiten ersetzen

Wenn Sie wissen, inwiefern Sie von einer schlechten Angewohnheit profitieren, öffnet sich Ihnen ein ganz neuer Weg, die Angewohnheit loszuwerden: Sie können sich nun fragen, wie Sie diesen Nutzen, den Vorteil, den Sie aus der unerwünschten Angewohnheit ziehen, auch auf anderem Weg bekommen können – auf eine Weise, die deutlich weniger Nachteile als Ihre alte, „schlechte" Angewohnheit hat. Und wenn Sie sich den Vorteil dann immer wieder auf diesem besseren Weg verschaffen, wird es Ihnen leichter fallen, die „schlechte" Angewohnheit zu unterlassen.

> Bewahren Sie sich den Vorteil, den Sie aus Ihrer alten Gewohnheit ziehen.

Um sich von störenden Gewohnheiten zu verabschieden, haben Sie drei Möglichkeiten:

- Ersetzen Sie eine schlechte Angewohnheit durch eine bessere, die Ihr Ziel unterstützt und die für Sie ebenso attraktiv ist.

> **Bsp** Sie erkennen, dass Ihre Angewohnheit, übermäßig viel Süßes zu essen, damit zu tun hat, dass Sie sich selbst etwas Gutes tun wollen. Dann können Sie sich einfach gezielt überlegen, auf welche gesündere Art und Weise Sie sich etwas Gutes tun können – und das tun. Das heißt nicht unbedingt, dass Sie ganz aufhören müssen, Süßes zu essen. Aber Sie können mit etwas mehr Bewusstsein für die Zusammenhänge auch andere Dinge finden, die Ihnen gut tun – und so den Konsum von Süßigkeiten reduzieren oder – wenn Sie wollen – ganz ersetzen.

- Koppeln Sie die positiven Seiten der Gewohnheit ab.

> **Bsp** Sie reden gerne morgens mit einer Kollegin, weil Sie dabei gut einen Kaffee trinken können. Diese Tätigkeit kostet Sie aber zu viel Zeit. Verbinden Sie das Kaffeetrinken mit einer anderen Tätigkeit, die für Sie wichtiger ist.

- Verknüpfen Sie Gewohntes mit Neuem.

> **Bsp** Sie sind gewohnt, sich abends um acht Uhr die Tagesschau anzusehen. Andererseits würden Sie gerne mehr Sport treiben und kommen vor acht Uhr nicht dazu. Treiben Sie Sport, während Sie fernsehen. Damit übertragen Sie den festen Rhythmus Ihrer Sehgewohnheit auf die sportliche Aktivität.

Neue Gewohnheiten etablieren sich dann besonders schnell, wenn Sie Teile der alten Gewohnheiten übernehmen, etwa die Zeit, den Ort, die Umstände.

Manche Gewohnheiten lassen sich auch deshalb schlecht ändern, weil sie mit anderen Gewohnheiten verknüpft sind.

> **Bsp** Sie kommen morgens meist so spät zur Arbeit, dass Sie sich auf wichtige Gespräche und Besprechungen nicht mehr ausreichend vorbereiten können. Der Grund liegt woanders: Sie sind seit dem Studium gewohnt, abends lange aufzubleiben und quälen sich morgens aus dem Bett.

Da hilft nur vorne anzufangen und die ganze Kette zu ändern.

Ob Sie eine Gewohnheit teilweise oder gänzlich, immer oder gelegentlich durch eine andere ersetzen, das entscheiden allein Sie. Stellen Sie nur fest, wie Sie den größten Vorteil für sich erzielen – schon haben Sie den besten und leichtesten Weg für sich gefunden.

> **!** Den größten Vorteil zu erzielen heißt auch, Nachteile möglichst zu vermeiden oder sogar auszuschließen.

Achten Sie deshalb bei der Wahl der neuen Gewohnheit, durch die Sie sich den alten Vorteil bewahren, auch darauf, dass die neue Gewohnheit keine Ihrer anderen Bedürfnisse verletzt. Denn das würde bedeuten, dass Sie sich direkt wieder in einen **Interessenwiderspruch** Ihrer Bedürfnisse stürzen würden. Sie würden den „Teufel mit dem Beelzebub austreiben" bzw. eine schlechte Gewohnheit durch eine andere schlechte Gewohnheit ersetzen. Betrachten Sie deshalb auch die Nachteile, die Ihnen aus Ihrer Gewohnheit erwachsen. Die haben Sie überhaupt dazu gebracht, Ihr Verhalten als „schlecht" zu bewerten.

> **Bsp** Sie ersetzen den übermäßigen Konsum von Süßigkeiten durch Kaffeetrinken. Damit bewahren Sie sich nur den vordergründigen, kurzfristigen Vorteil, sich „etwas Gutes zu tun". Der Nachteil, dass Sie Ihrer Gesundheit schaden, bleibt erhalten. Sie stehen genau da, wo Sie vorher standen: *„Ich sollte mir das bald wieder abgewöhnen."*

Kommen wir zur entscheidenden Frage:

Welche Möglichkeiten sehen Sie, durch ein anderes Verhalten die Vorteile zu erhalten und die Nachteile zu aufzulösen?

Sammeln Sie Ideen, wie Sie sich einzelne Vorteile auf eine andere Weise verschaffen können. Halten Sie erst einmal alle Ideen schriftlich fest – ganz gleich, wie gut oder praktikabel oder absurd Sie sie im ersten Moment finden.

> **Bsp** In dem Beispiel einer Person, die oft Zusagen nicht einhält, könnten das sein:
> - Idee: Ich verschaffe mir 3- mal pro Woche vormittags eine ungestörte Arbeitsphase von 1 1/2 Stunden.
> - Idee: Ich beginne jeden Morgen 1 Stunde früher zu arbeiten.
> - Idee: Ich gewöhne mir an, Aufgaben besser zu planen und Termine möglichst einzuhalten, so dass ich nicht mehr ständig aus meinem Zeitplan rutsche.
> - Idee: Ich kläre diese Kraft und Zeit raubende Konkurrenzsituation mit Kollege XY. Gespräch mit ihm? Mit unserem Chef? ..."

Prüfen Sie dann die Ideen auf ihre **Praxistauglichkeit**. Nehmen Sie sich jede einzelne Idee vor. Überlegen Sie gründlich. Spielen Sie es wiederum in Ihrer Vorstellung durch, wie es sein wird, wenn Sie eine der Ideen als neue Angewohnheit etablieren. Und probieren Sie die möglichen neuen Angewohnheiten getrost auch in der Realität aus. Ihre Fragen sind jetzt:

- Lässt sich die Idee wirklich umsetzen?
- Fühle ich mich wohl dabei?
- Würde ich mir mit der neuen Angewohnheit etwa auch wieder Nachteile einhandeln?

Die Ideen, die Ihren Praxistest nicht zu Ihrer Befriedigung bestehen, streichen Sie gleich wieder von Ihrer Liste. Die Überprüfung kann auch ergeben, dass Sie als Idee gar keine neue Angewohnheit, sondern einen Lösungsansatz notiert haben – wie es in unserem Beispiel die vierte Idee ist, die Konkurrenzsituation mit dem Kollegen zu klären. Dann gehen Sie dieser Idee unbedingt als Erstes nach.

> Bleiben Sie konsequent beim Ersetzen. Sobald Sie der alten Angewohnheit nachgehen wollen, schalten Sie um. Sie gehen stattdessen der neuen Gewohnheit nach. Widerstehen Sie der Versuchung, doch noch einmal in die alte Gewohnheit zurückzufallen.

Zum Schluss brauchen Sie noch etwas Geduld, bis die neue Gewohnheit sich genauso eingeschliffen hat wie die alte. Untersuchungen zeigen, dass man ein neues Verhalten häufig einüben muss, bis es zur Gewohnheit geworben ist. Je älter man ist, desto länger kann dies dauern. Die Faustregel lautet:

- Nehmen Sie Ihr Alter
- Wiederholen Sie das neue Verhalten mindestens so häufig. Nur so kann sich das neue Gewohnheitsmuster gegenüber dem alten durchsetzen

Es gibt ein sicheres Anzeichen, das das Ersetzen der alten Gewohnheit geklappt hat: Ist das neue Verhalten wiederum zur Gewohnheit geworden, legt unser Gehirn eine Art Kippschalter um. Beispielsweise haben Sie mit Joggen angefangen. Am Anfang mussten Sie sich dazu aufraffen, doch nach einer Zeit merken Sie, dass Ihnen das Joggen fehlt, wenn Sie einmal nicht dazu kommen. Das ist genau der Punkt, wo sich die neue Gewohnheit eingeschliffen hat.

> Arbeiten Sie auch bei Gewohnheiten mit Zielen und Belohnungen: Wenn ich in den nächsten 14 Tagen die Gewohnheit aufgegeben habe, werde ich mich dafür belohnen, indem ich ...

Schlagen Sie zwei Fliegen mit einer Klappe. Erhalten Sie sich die Vorteile der alten Gewohnheit, und verringern oder vermeiden Sie die Nachteile der alten Gewohnheit.

Unterstützung suchen

Sprechen Sie mit anderen über Ihr Vorhaben. Das hat zwei Effekte: Sie erhalten wahrscheinlich den einen oder anderen guten Ratschlag von Ihren Gesprächspartnern und Sie gehen damit auch eine Art Verpflichtung ein. Allerdings sollten Sie dabei zwei Dinge beachten:

- Nicht jeder muss wissen, dass Sie nicht mehr soviel Alkohol trinken wollen. Vertrauen Sie sich den Menschen an, denen Sie tatsächlich vertrauen können.
- Setzen Sie die Latte nicht zu hoch. *Ein paar Kilo abnehmen* setzt Sie weniger unter Druck als die Ankündigung, in den nächsten 10 Wochen 20 Pfund weniger auf der Waage zu haben.

> Hüten Sie sich vor **Miesmachern**, wenn Sie mit Schwung etwas angehen. Sonst geht Ihre Motivation gleich mit verloren.
>
> Wenn Sie anderen über Ihr Vorhaben erzählen, hören Sie neben unterstützenden auch demotivierende „Sprüche". Rechnen Sie damit, dass andere Ihre ersten Erfolge nicht nur wohlwollend kommentiert. Dabei spielen wahrscheinlich (unbewusster) Neid und schlechtes Gewissen eine Rolle: *„Ich sollte auch ..., wieso schafft der das ...?"*

Wenn möglich, suchen Sie sich Menschen, die ähnliche Ziele haben. Damit schaffen Sie sich eine „soziale Kontrolle" und eine zusätzliche Motivation. Alleine regelmäßig zu joggen, setzt mehr **Durchhaltevermögen** voraus, als wenn Sie sich regelmäßig mit netten Bekannten zum Joggen treffen.

In der Gruppe können Sie sich auch ein Belohnungssystem aufbauen. Wer regelmäßig zur Gymnastik kommt, erhält beim Stammtisch einen aus. Es geht natürlich auch anders herum: Wer nicht zu den Treffen kommt, muss fünf Euro in die Bierkasse einzahlen. Schließlich können Sie auch ihre Erfolge gemeinsam feiern.

Allerdings muss die Gruppe tatsächlich zu Ihnen passen. Wenn die Gruppe im eigentlichen und im übertragenen Sinne ein anderes Tempo einschlägt, also schneller laufen oder schneller abnehmen will als Sie, wenn die Ausgangssituation anders ist und die Gruppe vielleicht viel mehr Zeit für gemeinsame Treffen hat, kann der positive Effekt der Gruppe umschlagen. Sie fühlen sich als Versager, weil Sie das Tempo nicht mithalten können.

Sie sind auf dem Weg zum Ziel. Es fehlt als letzter Schritt noch die Absicherung Ihres Erfolges.

Zusammenfassung

Leiten Sie daraus die Ziele für die nächsten Wochen und für einzelne Tage ab.

Legen Sie die Ziele für die nächsten 12 Monate fest.

Leiten Sie daraus die Ziele für die nächsten Wochen und für einzelne Tage ab.

Machen Sie sich einen Plan für die Umsetzung.

Legen Sie Meilensteine fest.

Setzen Sie nicht zu enge Termine und arbeiten Sie mit Puffern.

Nutzen Sie die Salami-Taktik, schaffen Sie sich möglichst viele Erfolgserlebnisse.

Ersetzen Sie alte Gewohnheiten durch neue. Koppeln Sie dabei die positiven Seiten der Gewohnheit ab.

Überlegen Sie, wie viel Zeit und Energie Sie aufbringen können und wie gut das Ergebnis sein soll.

Was wollen Sie von den Hinweisen in diesem Kapitel umsetzen? Schreiben Sie sich bitte alle wichtigen Punkte auf. Nutzen Sie dazu die Umsetzungshilfe am Ende dieses Arbeitsheftes.

Schritt 5: Erfolg absichern

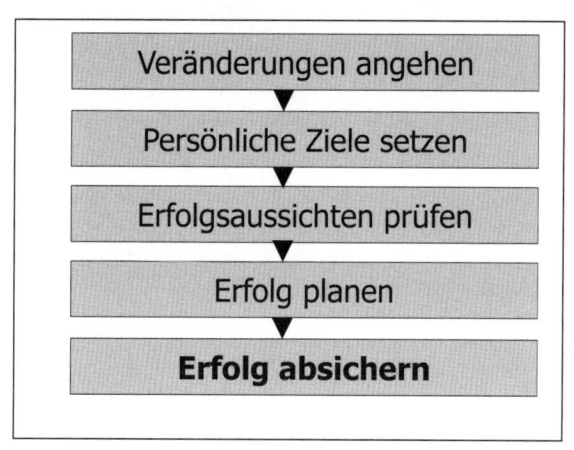

- Veränderungen angehen
- Persönliche Ziele setzen
- Erfolgsaussichten prüfen
- Erfolg planen
- **Erfolg absichern**

Spuken Ihnen manchmal Gedanken wie „*Das klappt doch sowieso nicht*" oder „*Vielleicht fange ich nächsten Monat wieder an*" im Kopf herum? Beides sind Hinweise dafür, dass Ihre Motivation und damit Ihre Selbstdisziplin gelitten hat.

Lassen Sie sich davon weder irritieren noch entmutigen! Machen Sie sich bewusst: Sie haben Ihr Ziel klar vor Augen und die Umsetzung gut geplant. Dass es dann schon mal mit Ihrem **Durchhaltevermögen** hapert, ist normal. Entscheidend ist, wie Sie darauf reagieren.

Machen Sie zuversichtlich da weiter, wo Sie jetzt schon stehen. Bleiben Sie am Ball, mit ein wenig Überwindung haben Sie den nächsten Schritt geschafft.

Von Zeit zu Zeit sollten Sie zusätzlich Ihre Ziele kritisch hinterfragen. Denn die eigene Einstellung kann sich ändern, die Rahmenbedingungen auch. Um sich für einzelne Ziele einzusetzen, müssen Sie von ihnen überzeugt sein, nicht nur, wenn Sie die Ziele definieren. Fragen Sie sich:

- Sind das wirklich noch meine Ziele?
- Bin ich bereit, mich weiterhin dafür konsequent einzusetzen?
- Steht der Aufwand, diesen Wunsch zu erfüllen, noch in Relation zum Nutzen?

Wegen jedes kleinen Zweifels die Flinte gleich ins Korn zu werfen, ist dabei genauso wenig angebracht wie stur an seinen Zielen zu kleben, wie unsinnig sie mittlerweile auch sind.

> Wenn Sie sich für ein Ziel entschieden haben, sollten Sie bei dieser Entscheidung bleiben. Zumindest so lange, bis sich neue, wichtige Aspekte auftun, die die Entscheidung in einem neuen Licht erscheinen lassen oder sich die Lösung als problematisch bis unbrauchbar erweist.

Mit Ihrem größten Kritiker zurecht kommen

Viele Menschen sind sich selbst der größte Kritiker. Sie sind mit sich selbst grundsätzlich unzufrieden und sehen sich selbst in einem negativem Licht. Selbstkritik äußert sich häufig in inneren Dialogen, die von negativen Einschätzungen und destruktiven Gedanken geprägt sind. Die Folge: Sie demotivieren sich immer mehr, bis sie in Ihrem persönlichen Jammertal gelandet sind. **Selbstmitleid** ist manchmal ganz heilsam für die verletzte Seele, aber eben nur manchmal. Machen Sie sich nicht selbst runter. Denken Sie an Ihren Erfolg, nicht an Ihren Misserfolg!

> Ihre Gedanken bestimmen, was Sie als positiv empfinden und was nicht, wo Sie sich selbst unter Stress setzen oder Dinge geruhsam angehen.

Gehen Sie mit sich selbst nicht zu streng um. Eine dauerhafte Motivation hat auch damit zu tun, was für ein Bild Sie von sich selbst haben und wie sich behandeln. Das ist so ein bisschen wie das „schlechte Gewissen" in der Waschmittelwerbung. Wenn Sie sich selbst immer wieder einreden, dass Sie nichts taugen und nichts zuwege bringen, wenn Sie dauernd an sich selbst herumnörgeln, fühlen Sie sich über kurz oder lang genauso, nämlich klein, hässlich, als Versager.

So würden Sie sicher mit keinem anderen umgehen - ihn immer wieder herunterputzen, schlecht machen, einen auf den Deckel geben. Warum sollten Sie das dann bei sich selbst tun?

Machen Sie sich auch nicht für alles und jedes verantwortlich. Wenn etwas nicht klappt, muss es nicht immer an Ihnen liegen, und wenn es tatsächlich an Ihnen liegt, ist das auch nicht tragisch.

Wenn Sie möchten, können Sie auch hierzu wieder eine kleine Übung machen:

Über welchen Misserfolg haben Sie sich in den letzten Wochen am meisten geärgert?

___

Welche Gründe können alles dazu beigetragen haben, dass es hierzu kam? Bitte keine Gründe aufschreiben, die Sie selbst betreffen.

___
___
___
___

Versuchen Sie sich selbst nicht so wichtig zu nehmen. Versuchen Sie auch einmal über sich und über Ihre „Tollpatschigkeit" zu lachen.

Um sich positiv einzustimmen, können sie folgendes versuchen: Beenden Sie bewusst jeden Tag auf positive Weise: Überlegen Sie, was an diesem Tag besonders angenehm für Sie war oder wo Sie mit sich zufrieden waren. Das ist dann sozusagen das Gegenprogramm zur Problemsicht.

Probleme bei der Umsetzung angehen

Menschen gehen sehr unterschiedlich an die Lösungen von Umsetzungsproblemen heran. Das hat viel mit der Persönlichkeit, dem Denkstil, dem Grad der Kreativität zu tun. Wie Sie mit Problemen umgehen, ist aber für die erfolgreiche Umsetzung Ihres Vorhabens eine wichtige Frage. Denn je nach der Herangehensweise können aber auch unterschiedliche Lösungen herauskommen. Lernen Sie Ihren Problemlösestil kennen und Möglichkeiten, ihn zu verbessern.

Bei der Herangehensweise gibt es drei unterschiedliche Stile mit jeweils zwei Ausprägungen:

rational

Sie verlassen sich auf Ihren Verstand und Ihre Fähigkeit, die Ursachen von Problemen systematisch zu erfassen und ebenso systematisch nach Lösungen zu fahnden. Sie versuchen Zusammenhänge zu verstehen und die Vor- und Nachteile möglicher Lösungen abzuwägen.

individuell

Sie ziehen sich zurück, wenn Sie ein Problem lösen wollen und machen das mit sich selbst aus. Ihre Stärke ist die ungestörte, intensive Auseinandersetzung mit dem Problem.

ganzheitlich

Sie betrachten die gesamte Situation mit allen ihren hindernden und fördernden Bedingungen.

Sie betrachten Dinge gerne von unterschiedlichen Seiten.

emotional/kreativ

Sie verlassen sich auf Ihr Gefühl. Muss eine Lösung her, nutzen Sie Ihren Ideenreichtum, um Lösungsansätze zu produzieren. Sie experimentieren gerne. Oft finden Sie als Ergebnis gleich eine Reihe von Vorschlägen, häufig eher ungewöhnlich, manchmal leicht skurril.

kommunikativ

Probleme löst man am besten gemeinsam, das ist Ihr Motto. Durch gemeinsame Diskussion werden oft gute Lösungsansätze gefunden. Für Sie ist der Gedankenaustausch wichtig, unterschiedliche Meinungen zu hören und Argumente gegeneinander abzuwägen.

analytisch

Sie gehen Probleme systematisch an, analysieren die Fakten, leiten daraus, strikt logisch, meist einen stichhaltigen Lösungsvorschlag ab.

Sie gehen gern logisch vor, analysieren die Fakten und diagnostizieren die Probleme im Detail.

Zu welcher Herangehensweise neigen Sie? Das können Sie mit dem folgenden Test selbst bestimmen.

Ihr Problemlösestil

	stimmt	stimmt nicht
Ich diskutiere über Probleme gern mit anderen.	☐	☐
Ich schaffe mir immer erst einen Überblick über das Problem.	☐	☐
Ich beschäftige mich am liebsten mit Fakten.	☐	☐
Mit schwierigen Inhalten beschäftige ich mich lieber alleine.	☐	☐
Mich interessieren auch immer die Hintergründe, wie Menschen denken und fühlen.	☐	☐
Ich muss bei der Problemlösung mit Leib und Seele bei der Sache sein.	☐	☐
Ich diskutiere gerne Themen mit anderen.	☐	☐
Beim Problemlösen achte ich darauf, dass ich systematisch vorgehe.	☐	☐
Für mich gelten bei Entscheidungen nur sachliche Argumente.	☐	☐
Ich verlasse mich bei offenen Fragen gerne auf mein eigenes Urteilsvermögen.	☐	☐
Zu viele Detailinformationen erschweren einem den Überblick nur.	☐	☐
Wenn mich ein Problem interessiert, fällt mir die Lösung viel leichter.	☐	☐
Ich hole mir Rat bei anderen, wenn ich mit Problemen nicht weiter komme.	☐	☐
Ich versuche den Dingen auf den Grund zu gehen.	☐	☐
Ich kann mir gut Fakten merken.	☐	☐
Was ich mir vornehme, schaffe ich meist auch ohne fremde Hilfe.	☐	☐
Beim Lösen von Problemen ist der Blick auf das Ganze von besonderer Bedeutung.	☐	☐
Zum Lösen von Problemen gehört bei mir ein wenig Phantasie.	☐	☐
Gemeinsam löst man Probleme viel schneller.	☐	☐
Wenn ich mir neues Wissen aneigne, arbeite ich nach einem festen Plan.	☐	☐
Ich prüfe immer genau, ob es sich lohnt, sich mit etwas genauer zu beschäftigen.	☐	☐
Wenn ich mit anderen diskutiere, weiß ich nachher oft weniger als vorher.	☐	☐
Ich bringe Dinge gerne in Kontext mit anderen Dingen.	☐	☐
Man muss auch mal spontan sein, ohne großes Nachdenken.	☐	☐

Jetzt können Sie mit Hilfe Ihrer Antworten Ihren Problemlösestil analysieren. Unterstreichen Sie als erstes in der folgenden Tabelle alle Fragen, bei denen Sie „stimmt" angekreuzt haben.

K	A	R	I	G	E
1	2	3	4	5	6
7	8	9	10	11	12
13	14	15	16	17	18
19	20	21	22	23	24

Je häufiger Sie in einer Spalte eine Zahl angekreuzt haben, desto stärker ist diese Tendenz bei Ihnen ausgeprägt.

Zahl der Kreuze

Kommunikativ K	4	3	2	1	0
Analytisch A	4	3	2	1	0
Rationell R	4	3	2	1	0
Individuell I	4	3	2	1	0
Ganzheitlich G	4	3	2	1	0
Emotional E	4	3	2	1	0
	sehr ausgeprägt	ziemlich ausgeprägt	etwas ausgeprägt	kaum ausgeprägt	nicht erkennbar

Wahrscheinlich haben Sie Anteile aller Typen. Interessant ist, welcher Typ am meisten bei Ihnen ausgeprägt ist. Wie können Sie aufgrund der Kenntnis Ihren Problemlösestil verbessern?

- Wenn Sie ein ausgeglichenes Profil haben, Anteile beider Pole bei den drei Herangehensweisen, brauchen Sie nichts zu ändern.

- Wenn Sie stark zu einem bestimmten Pol neigen, sollten Sie sich den Gegenpol ansehen.

- Wenn Sie beispielsweise Probleme gerne für sich alleine lösen, ist es bei schwierigen Problemen und langfristigen Entscheidungen für Sie sicherlich von Vorteil, zusätzlich den Rat eines guten Freundes einzuholen.

- Wenn Sie ein kreativer Mensch sind, der nur so vor Ideen sprudelt, sollten Sie jemand suchen, der Ihre Ideen auf Praxistauglichkeit hinterfragt.

Sie sehen, Sie können sich vor falschen Entscheidungen schützen - wenn Sie wissen, wie Sie entscheiden.

Zielverfehlungen vermeiden

Prüfen Sie regelmäßig, ob Sie Ihre Ziele konsequent verfolgen:

- Sind Sie der Umsetzung Ihrer persönlichen Ideen und Ziele näher gekommen?
- Was hat dazu geführt?
- Was hat das behindert?
- Und wie steht es mit den Strategien, also den Wegen zum Ziel?
- Welche Wege waren erfolgreich, welche haben sich als Irrwege herausgestellt?

Manchmal führen Ziele in eine Sackgasse. Sie haben sich bemüht, verfehlen Ihre Ziele aber wiederholt. Das kann schon mal passieren, sollte allerdings nicht zu häufig vorkommen.

- Experimentieren Sie

    Das haben wir schon immer so gemacht. Diesen Satz haben Sie sicher schon oft gehört. Aber denken Sie das nicht auch manchmal? Oder machen Sie sich über gewohnte Abläufe auch nur selten Gedanken? Gehen Sie doch einmal anders an die Sache heran.

> **Bsp** Sie haben Schwierigkeiten Ihr Englisch für sich alleine aufzubessern. Es macht Ihnen einfach keinen Spaß. Dann könnten Sie zum Beispiel als Alternative
> - An einem Sprachkurs an der Volkshochschule teilnehmen
> - Eine Sprachreise machen
>
> Oder vielleicht auch
> - Ein Praktikum in einem englischsprachigen Land absolvieren
> - Eine Gruppenreise buchen, bei der die Teilnehmer hauptsächlich aus England kommen.

Probieren Sie einmal einen neuen Weg. Vielleicht landen Sie damit einen Treffer. Vielleicht stellen Sie auch fest, dass der „alte" Weg doch der bessere ist. Nur wer experimentiert, macht Erfahrungen und nur wer Erfahrungen macht, kann beurteilen.

- Hüten **Sie sich vor individuellen Zielfallen**

    Es gibt eine Reihe typischer Zielfallen, die etwas mit der eigenen Persönlichkeit zu tun haben. Typische Zeitfallen sind

> - **Unentschlossenheit**, etwas zu tun oder nicht zu tun, sich zu entscheiden oder lieber doch noch abzuwarten.
> - **Perfektionismus**, alles möglichst 100prozentig erledigen, sich gegen Fehler und Vorwürfe absichern zu wollen.
> - **Aufschieben**, lieber dann doch abwarten, schließlich alles auf den letzten Drücker und „irgendwie" fertig stellen zu müssen.
> - **Unfähigkeit zu delegieren,** lieber alles selbst tun wollen, die anderen sind ja doch nicht so schnell oder so gut wie man selbst.

Diese Eigenarten kosten Zeit und hindern Sie am ökonomischen Erreichen von Zielen.

Unsere schnelllebige Zeit führt dazu, dass wir selbst nur zufrieden sind, wenn wir schnelle Erfolge haben. Auch hier sollten Sie positiv an die Sache herangehen. Sagen Sie sich, dass manche Dinge eben Zeit brauchen. Freuen Sie sich darauf, wie Sie nach und nach erleben können, dass Sie Ihrem Ziel Schritt für Schritt näher kommen. Schauen Sie weniger auf die Misserfolge als auf die Erfolge. Am besten fangen Sie gleich damit an:

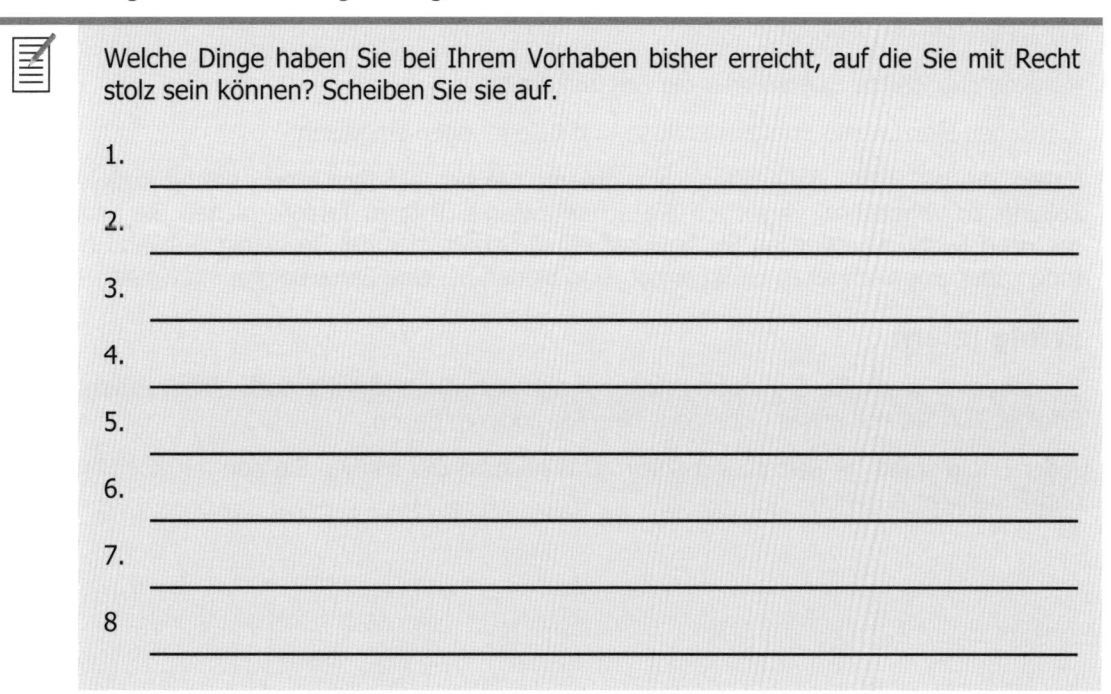

> Welche Dinge haben Sie bei Ihrem Vorhaben bisher erreicht, auf die Sie mit Recht stolz sein können? Scheiben Sie sie auf.
>
> 1. _____
> 2. _____
> 3. _____
> 4. _____
> 5. _____
> 6. _____
> 7. _____
> 8. _____

Kopieren Sie sich diese Liste und legen Sie sie in Ihren Schreibtisch. Immer wenn Sie mal wieder die Geduld verlieren, sehen Sie sich die Liste an.

Wenn Sie den bisherigen Weg mit Ausdauer und Energie geschafft haben, bleiben Sie auch weiter auf Erfolgskurs.

Kalkulieren Sie gelegentliche **Misserfolge** ein, aber fürchten Sie sich nicht vor Misserfolgen. Niemand kann immer gewinnen, nicht immer geht alles glatt. Verleugnen Sie Misserfolge nicht, schieben Sie sie auch nicht auf die Umstände, auf andere. Flüchten Sie sich nicht in Entschuldigungen oder Ausreden. Misserfolge sollten Sie motivieren, besser zu werden, nicht entmutigen.

Und wenn Sie sich einem Problem gegenüber sehen, das das Erreichen Ihrer Ziele behindert, versuchen Sie es auch hier mit der **Salami-Taktik**: Teilen Sie das Problem in einzelne Teilprobleme. Wenden Sie sich den einzelnen Teilproblemen zu und gehen Sie sie nach und nach an. Sagen Sie sich: *Bis nächste Woche kümmere ich mich jetzt erst einmal um ...* Der Vorteil für Sie: Die Last erscheint nicht mehr so erdrückend, Sie können Punkt für Punkt abhaken und haben dabei wahrscheinlich noch das eine oder andere Erfolgserlebnis.

Aus Rückschlägen Trittsteine machen

Lassen Sie sich durch **Rückschläge** nicht aus der Bahn werfen. Wenn Sie sich vorgenommen haben, jeden Tag Zeit für die eigene Fortbildung einzuplanen und Sie kommen zwei, drei Mal nicht dazu. Was soll es? Ärgern Sie sich nicht über die zwei, drei Mal, sehen Sie auf die vielen Male, wo es geklappt hat. Schließlich überwiegen die Erfolge deutlich.

Rückschläge kommen vor, manchmal gewinnt der innere Schweinehund. Rückschläge sind aber auch immer die Gelegenheit, daraus zu lernen. Nutzen Sie die Gelegenheit.

- Warum passiert Ihnen das gerade jetzt?
- Welche Gründe sind dafür verantwortlich?
- Was unterscheidet die Situation von anderen, wo Sie keine Probleme hatten?
- Was können Sie tun, um eine solche Situation in Zukunft zu vermeiden?

Kommen Rückschläge gehäuft vor, sollten Sie sich Ihr Ziel noch einmal vornehmen:

- Ist es vielleicht zu ungenau formuliert?
- Ist es nicht motivierend genug?
- Ist es zu hoch gesteckt?
- Liegt es nicht am Ziel, liegt es vielleicht an Ihrem Umsetzungsplan:
- Ist der Plan zu ehrgeizig?
- Sind die Schritte zu groß oder die Zeit zu kurz?
- Haben Sie zuwenig Erfolgserlebnisse und Belohnungen eingeplant?

Haken Sie das Thema danach ab. Konzentrieren Sie sich auf Ihre Ideen, solche Rückschläge in Zukunft zu vermeiden. Versuchen Sie schnell wieder Tritt zu fassen, planen Sie sofort den nächsten Schritt und wählen Sie bewusst einen Schritt, der für Sie wenig Aufwand bedeutet, Ihnen aber einen schnellen Erfolg bringt. Und planen Sie eine Extra-Belohnung für sich ein.

Erfolg feiern

Sie haben es geschafft, Sie können stolz auf sich sein. Da bleibt nur noch eines: Feiern Sie Ihre Erfolge. Tun Sie sich etwas Gutes, erzählen Sie anderen davon.

Jeder Erfolg stärkt Ihr Selbstbewusstsein. Das nächste Ziel können Sie nun mit noch mehr Elan und Zuversicht angehen.

Zusammenfassung

Entmutigen Sie sich nicht selbst.

Schaffen Sie sich eine gute Motivation, überlegen Sie, welchen Nutzen das Ziel für Sie bringt.

Finden Sie Freude an der Umsetzung des Zieles selbst.

Kontrollieren Sie regelmäßig, wieweit Ihre Ziele schon erreicht sind.

Lassen Sie sich durch Rückschläge nicht entmutigen.

Suchen Sie vielmehr nach den Gründen und versuchen Sie die Ursachen abzustellen.

Seien Sie stolz auf Ihren Erfolg.

Was wollen Sie von den Hinweisen in diesem Kapitel umsetzen? Schreiben Sie sich bitte alle wichtigen Punkte auf. Nutzen Sie dazu die Umsetzungshilfe am Ende dieses Arbeitsheftes.

Lernkontrolle

Mit den folgenden Fragen können Sie in wenigen Minuten feststellen, ob Sie die wichtigsten Zusammenhänge verstanden haben.

1a Was bedeutet der Begriff *intrinsische Motivation*?

- [ ] Motivation durch Erfolg
- [ ] Motivation von innen
- [ ] Motivation von außen
- [ ] Motivation über Anreize

1b Warum sind Gewohnheiten nicht so einfach zu ändern?

- [ ] Wegen fehlendem Durchhaltevermögen
- [ ] Wegen der vorherigen Lernprozesse
- [ ] Wegen des Halbautomatismus
- [ ] Wegen des Umfeldes

2a Welche Grundmotive beeinflussen unser Handeln?

- [ ] Streben nach Unabhängigkeit und Idealismus
- [ ] Streben nach Ablenkungen und Konsum
- [ ] Streben nach Abwechslung und Ausgleich
- [ ] Streben nach Sicherheit und einfachem Leben

2b Was versteckt sich hinter unserer Motivation?

- [ ] Einstellungen
- [ ] Verhaltenspräferenzen
- [ ] Eigenschaften
- [ ] Bedürfnisse

3a Was sind typische Hemmnisse für das Scheitern von Vorhaben?

- [ ] Fehlende Motivation und mangelnde Kritikfähigkeit
- [ ] Ungeduld und mangelndes Selbstbewusstsein
- [ ] Fehlende Motivation und mangelndes Durchsetzungsvermögen
- [ ] Mangelnde Kritikfähigkeit und mangelndes Durchsetzungsvermögen

Persönliches Veränderungsmanagement — Lernkontrolle

3b Welche drei persönlichen Eigenschaften unterstützen das Erreichen gesteckter Ziele?

- ☐ Wille zur Veränderung, Durchhaltevermögen, Kritikfähigkeit
- ☐ Wille zur Veränderung, Durchhaltevermögen, Autonomie
- ☐ Wille zur Veränderung, Durchhaltevermögen, Durchsetzungsvermögen
- ☐ Wille zur Veränderung, Durchhaltevermögen, Erfolgszuversicht

4a Was ist ein anderer Begriff für das Pareto-Prinzip?

- ☐ 70:30-Regel
- ☐ 20:80-Regel
- ☐ 80:20-Regel
- ☐ 30:70-Regel

4b Was versteht man unter der *Salami-Taktik*?

- ☐ Einbau von Puffern
- ☐ Einbau von Kontrollpunkten
- ☐ Aufteilen in Teilziele
- ☐ Arbeit mit Belohnungen

5a Welches dieser Gegensatzpaare bezeichnet einen Problemlösestil?

- ☐ reflektiv-emotional
- ☐ ganzheitlich-analytisch
- ☐ sozial-egoistisch
- ☐ kommunikativ-ganzheitlich

5b Zu den individuellen Zeitfallen gehören ....

- ☐ Motivationsmangel und Unentschlossenheit
- ☐ Motivationsmangel und Perfektionismus
- ☐ Unentschlossenheit und Aufschieberitis
- ☐ Motivationsmangel und Unfähigkeit zu delegieren

①	②
③	④

Die richtigen Antworten auf die Fragen lauten:

1a ② 1b ③ 2a ② 2b ④ 3a ① 3b ④ 4a ③ 4b ② 5a ③ 5b ③

Fragen zum Verständnis

Die folgenden Fragen dienen zur Wiederholung und Vertiefung des Gelernten. Nehmen Sie sich zur Beantwortung diese Fragen genügend Zeit.

1a Warum sollten Sie Ihre Bedenken gegenüber Vorhaben ernst nehmen?

1b Warum sollten Sie bei allen Vorhaben erst die Dringlichkeit, den Aufwand und die Erfolgsaussichten abschätzen?

2a Warum sollten Sie auf attraktive Ziele achten?

2b Was haben Ziele mit Werten zu tun?

3a Wie überprüft man die Umsetzungschancen von Vorhaben?

3b Was sind typische Hemmnisse bei der Umsetzung von Vorhaben?

Persönliches Veränderungsmanagement — Fragen zum Verständnis

4a Warum sollte man Umsetzungsvorhaben mit kleinen Schritten beginnen?

4b Wie ersetzt man am besten „schlechte" Gewohnheiten?

5a Warum ist es nützlich, seinen Problemlösestil zu kennen?

5b Wie lässt sich die Salami-Taktik bei Rückschlägen nutzen?

Die Nummern vor den Fragen beziehen sich auf die Schritte im Heft.

Sollten Sie die Fragen nicht auf Anhieb beantworten können, lesen Sie vielleicht noch einmal die entsprechenden Passagen nach.

Umsetzungshilfe

1. Schreiben Sie sich alle wichtigen Punkte auf, die Sie umsetzen und ausprobieren wollen.
2. Formulieren Sie die Punkte so, dass sie möglichst konkret sind.
3. Gewichten Sie, welche Punkte Sie als erstes in welcher Reihenfolge in Angriff nehmen wollen.
4. Notieren Sie sich eine Frist dazu.
5. Kontrollieren Sie, ob Sie den Punkt fristgerecht umgesetzt haben.

Priorität	Merkposten	Termin	Kontrolle
			☐
			☐
			☐
			☐
			☐
			☐
			☐
			☐
			☐
			☐
			☐
			☐
			☐
			☐
			☐
			☐
			☐

Das Gelernte umsetzen

Trotz guter Vorsätze: Nicht immer klappt es, das Gelernte im Arbeitsalltag umzusetzen. Deshalb einige Tipps für die Umsetzung:

1. **Mit dem Wichtigsten anfangen**

   Es gibt immer Dinge, die wichtiger sind als andere. Suchen Sie die wichtigen und dringlichen Punkte heraus und versuchen Sie, sie als erstes umzusetzen.

2. **Nicht zu viel auf einmal**

   Zuviel sollten Sie sich nicht auf einmal vornehmen, sonst geht oft alles schief. Nehmen Sie sich einen oder zwei Punkte vor. Wenn Sie diese geschafft haben, kommen die nächsten dran.

3. **Geduld haben**

   Nicht immer gelingt alles beim ersten Mal. Manchmal ist ein zweiter Anlauf notwendig. Überlegen Sie, warum etwas nicht geklappt hat, und versuchen Sie, diese Faktoren auszuschalten.

4. **Oft geht es nur gemeinsam**

   Suchen Sie sich Kollegen, die ähnliche Ziele und Vorstellungen haben. Reden Sie mit ihnen über Ihr Vorhaben. Gemeinsam lassen sich neue Ideen meist besser umsetzen.

5. **Belohnen**

   Seien Sie stolz auf sich, wenn Ihnen eine Änderung gelungen ist. Das ist nicht selbstverständlich. Am besten belohnen Sie sich mit einer Kleinigkeit. Dann steigt auch die Motivation, den nächsten Punkt anzugehen.

Ihre Erfahrungen weitergeben

Vielleicht haben Sie zum Thema eigene Erfahrungen gesammelt, die Sie gerne an andere Teilnehmer weitergeben möchten. Teilen Sie dies uns mit.

Dankbar wären wir auch für Hinweise, welche wichtigen Themen Ihnen bei den Kursen noch fehlen. Wir freuen uns über Ihre E-Mail an info@transfer-online.de

Literatur

Barzantny, Anke	Mentoring-Programme für Frauen, Wiesbaden 2008
Beck, Marta	Enjoy your Life, München 2007
John Constantine - Hellblazer	Schlechte Gewohnheiten, München 1999
Döttling, Frank	Von der Idee zur Tat, Rostock 1995
Frädrich, Stefan	Günter, der innere Schweinehund, Offenbach 2006
Kischner, Josef	So nutzt man die eigenen Kräfte besser, München 1988
May, Werner	Schluss mit den schlechten Gewohnheiten, Kitzingen 2004
Meier, Rolf	Zeitmanagement, Offenbach 2005
Muths, Doris	Mut zur Veränderung, München 2009
Stroß, Rudolf	Die Kunst der Selbstveränderung, Göttingen 2008

Stichwortverzeichnis

A

Ablenkungen · 43
Ablenkungsfalle · 43
Anreize · 43
attraktive Ziele · 22
Aufwand · 30
Ausdauer · 32
Ausgangslage · 32
Ausreden · 33

B

Bedenkenträger · 27
Bedingungen · 29
Belohnungen · 43, 44
Bequemlichkeit · 27
Bereitschaft sich durchzusetzen · 34

D

Disziplin · 32
Durchhaltevermögen · 32, 49, 51

E

Entscheidungen · 9
Enttäuschungen · 46
Erfolgsaussichten · 28, 39
Erfolgserlebnis · 46
Erfolgserlebnisse · 44
Erfolgszuversicht · 33

G

Gedanken · 51
Gewinnergedanken · 23
Gewohnheit · 47
Gewohnheiten · 10, 46

H

Halbautomatismus · 10
Hemmnisse · 31
Herausforderungen · 13
Hinderungsgründe · 31

I

individuelle Bedürfnisse · 15
Interessenwiderspruch · 47
intrinsische Motivation · 9
irrationale Hoffnungen · 8

J

Jahresziele · 40

K

Komfortzone · 27
Komfort-Zone · 9
Kompromisse · 9

L

langfristige Ziele · 22
langfristige Zielvorstellungen · 22
Lebensmotive · 18
Lernen am Modell · 34

M

Meilenstein · 45
Miesmacher · 49
Misserfolg · 52
Misserfolge · 56
Motivation · 32, 45
Motivatoren · 22

N

Networking · 8
neue Perspektiven · 9
Nicht-Entscheidung · 9

P

Perfektion · 42
Persönliche Ziele · 13
Priorität · 40
Prioritäten · 43
Puffer · 45

R

Rahmenbedingungen · 30
Raum zur Umsetzung · 40
Rückschläge · 29, 56

S

Salami-Taktik · 44, 56
schlechte Gewohnheiten · 10
schlechtes Gewissen · 19
Selbstbestimmung · 34, 37
Selbstdisziplin · 33
Selbstmitleid · 51
Sicherheit · 27
Sollbruchstellen · 26
Strategie · 9
Streben nach Unabhängigkeit · 34

T

Tagesziele · 40
Träume · 8
Triebfeder · 15

Ü

Überholte Ziele · 19

U

Umgang mit Ungewissheit · 34
Umsetzungschancen · 29
Umsetzungsplan · 44
Unterbewusstsein · 23
Unterstützung · 49
Unwägbarkeiten · 28

V

Veränderungen · 8, 12
Vorhaben · 11
Vorlieben · 20
Vorsatz · 19

W

Wahrnehmung der Möglichkeiten · 34
Werte · 20
Wille zur Veränderung · 32
Wochenziele · 40
Wünsche · 8
Wunschzettel · 14

Z

Zeitmanagement · 40
Zielfallen · 55
Zielkonflikte · 31
Zielverfehlungen · 54
Zukunft · 8

Glossar

A

Ablenkungsfalle — Konsum passiver Vergnügungen, die einen davon abhalten, sich mit anderen Dingen zu beschäftigen

Anerkennung — Positive Rückmeldung von Anderen zu Leistungen und Verhalten

Aufschieberitis — Tendenz, (unangenehme) Dinge vor sich her zu schieben. Der Fachausdruck lautet Procrastination.

B

Beweggründe — Motive, die das Handeln eines Menschen beeinflussen

Burnout — Körperlich-seelischer Erschöpfungszustand als Folge (zu) starker Belastungen, wodurch die Energiereserven schwinden

C

Chancen/Risiken-Analyse — Überprüfung, wie groß die Wahrscheinlichkeit ist, dass bestimmte Ziele erreicht werden und wie groß die Wahrscheinlichkeit ist, dass dabei bestimmte Risiken zum Tragen kommen

D

Delegieren — Delegieren heißt, eine Aufgabe an eine andere Person abzugeben, welcher Sie zutrauen, dass diese die Aufgabe ebenso gut erledigen kann.

E

Einstellung — Feststehende Meinung gegenüber einer Person oder einer Sache, die sich aufgrund von Vorerfahrungen und übernommenen Glaubenssätzen gebildet hat.

Erlebnismuster — Erlebnismuster sind im Unbewussten gespeichert und werden in der betreffenden Situation automatisch herangezogen

extrinsische Motivation — Motivation, die über Anreize und über Druck erreicht wird

G

Gewohnheiten — Gewohnheiten sind Verhaltensmuster, die sich weitgehend der bewussten Steuerung entziehen

Grundbedürfnisse — Grundbedürfnisse sind nach Maslow die Bedürfnisse nach Schlaf, nach Essen, nach Trinken, nach Sexualität..

I

intrinsische Motivation — Motivation, die aus den Bedürfnissen einer Person entsteht.

L

Leerzeiten — Wartezeiten, Fahrzeiten und andere Zeiten, die frei von Aufgaben sind

M

Meilenstein — Ereignis im Projektverlauf von besonderer Bedeutung

Motivatoren — Motive, die uns Antrieb geben und unser Handeln, unsere Entscheidungen beeinflussen

Motive — Beweggründe, aus denen sich die Motivation eines Menschen zusammen setzt

P

Pareto-Prinzip Vilfredo Pareto, ein italienischer Volkswirt, stellte am Anfang unseres Jahrhunderts eine These auf, aus der sich das Pareto-Prinzip entwickelte. Es besagt, dass 20% der aufgewendeten Energie und Zeit 80% des Ergebnisses hervorbringen und umgekehrt.

Positiv-Denker Menschen, die bei Vorhaben vom Erfolg ausgehen und die statt Probleme Herausforderungen sehen

Prioritäten Bestimmte Aufgaben sind wichtiger und dringender als andere. Diese zu erkennen und bei bestimmten Aufgaben die an Sie herangetragen werden auch mal „Nein sagen".

Procrastination Procrastination ist die Tendenz, unangenehme Aufgaben aufzuschieben

Pufferzeiten Zeiten in Projekte ohne Aktivitäten, die vorgehalten werden, um zeitliche Verzögerungen auszugleichen

S

Schuldgefühle Unter Schuldgefühlen bezeichnet man Gefühle, die immer dann entstehen, wenn eine sozial unerwünschte Handlung begangen wird. Beispielsweise ein Verstoß gegen ein sittliches oder religiöses Gebot oder gegen eine moralische Pflicht. Allgemein werden Schuldgefühle als Gefühle mit Selbstbestrafungstendenz aufgefasst. Weiterhin sind sie abhängig von der Erziehung, der Gesellschaft und anderen sozialen Faktoren.

Störungen Häufigkeit der Störungen im Laufe eines Tages oder einer Woche. Viele Störungen sind vermeidbar, zumindest zu reduzieren.

T

Tagesziele Tagesziele sollten am Vorabend oder zu Beginn eines jeden Arbeitstages festgelegt werden. Am Abend sollte überprüft werden, ob diese auch erreicht wurden.

Terminplanung Planung der Anfangs- und Endzeiten aller Vorgänge eines Vorhabens

V

Vorwände Bedenken von Mitarbeitern, hinter denen sich Befürchtungen und Ängste verstecken

W

Wichtige Aufgaben Aufgaben die, die der Erreichung Ihrer Ziele dienen. Je mehr eine Aufgabe der Erreichung Ihrer Ziele beiträgt, umso wichtiger ist sie. Wichtige Aufgaben haben höchste Priorität. Sie sind meist langfristiger angelegt.

Wochenziele Die Wochenziele sollten möglichst am Ende der Woche für die folgende aufgestellt werden. Die Frage, die man sich jeweils stellen sollte, lautet: *Was muss ich diese Woche tun, um den langfristigen Zielen näher zu kommen?*

Z

Zeitdiebe Zeitdiebe sind Tätigkeiten, Störungen, die viel Zeit kosten, aber wenig zum Erfolg der Arbeit beitragen.

Zwischentermine Bei langwierigen Delegationsaufträgen sorgt die Vereinbarung von Zwischenterminen für eine bessere Übersicht über den Prozess.

Zwischenziele Zwischenziele stehen in Verbindung mit Zwischenterminen, welche man bei langwierigen und schwierigen Delegationsaufträgen setzt.

Blended Learning

Qualifizierung muss präzise auf die individuelle Bedarfssituation zugeschnitten sein. Nur so läßt sich ein optimales Lernergebnis erreichen.
Deshalb haben wir für Sie ein **Fortbildungskonzept** entwickelt, das von der Bedarfsanalyse bis zur Transfersicherung systematisch den Lernprozess unterstützt.
Dieses Blended Learning Konzept verbindet die Vorteile des Selbstlernens mit denen des gemeinsamen Lernens.

Individualisierung und Flexibilisierung des Lernens

Kommunikation Erfahrungsaustausch

Im Kern besteht das Konzept aus zwei Teilen, einer **Selbstlernphase** und einem **Transferworkshop**.
Vorab steht eine **Beratung und die Passung der Qualifizierung** auf die Bedürfnisse des Lernenden.

Einführung	Selbstlernphase	Umsetzungs-workshop
Motivation	CBT, WBT	Erfahrungen
Diagnose	Selbstlernkurs	Schwierigkeiten bei
Beratung	Fernkurs	der Umsetzung
	Audio-Lernsystem	Strategien

Das Besondere: Für die Selbstlernphase stellen wir den Teilnehmern bis zu **vier verschiedene Selbstlernwege** zu Verfügung: Schriftliche Selbstlernkurse, Lehrfilme, Audio-Lernsequenzen und CBT/WBT. Die Teilnehmer können z.B. am Arbeitsplatz lernen und das Gelernte gleich erproben.
Die Teilnehmer werden während des ganzen Lernprozesses von einem Tutor begleitet.

Wir bieten Ihnen:

Computer based Training

- Arbeitsorganisation
- Stressbewältigung
- Zeitmanagement
- Lernen mit neuen Medien
- Gesprächstechnik
- Rationelles Lesen
- Mitarbeitergespräche
- Unterrichtsgestaltung
- Mitarbeiterführung
- Präsentationstechnik
- Selbstmanagement
- Konfliktmanagement

Selbstlernkurse

- Methodenkompetenz (10 Selbstlernkurse)
  z.B. Zeitmanagement, Stressbewältigung
- Sozialkompetenz (8 Selbstlernkurse)
  z.B. Gesprächsführung, Kommunikationspraxis
- Vermittlungskompetenz (5 Selbstlernkurse)
  z.B. Unterrichtsgestaltung, Präsentationstechnik
- Führungskompetenz (6 Selbstlernkurse)
  z.B. Mitarbeiterführung, Konfliktmanagement
- Organisationskompetenz (7 Selbstlernkurse)
  z.B. Projektmanagement, Personalentwicklung

Gerne entwickeln und erstellen wir auch individuelle Lernmedien für Sie.
Sie erreichen uns unter:
TRANSFER GmbH, Daimlerstr. 19 A, 50354 Hürth
Tel.: 02233 - 966410, transfer@transfer-online.de
www.transfer-online.de

Seminare & Schulungen

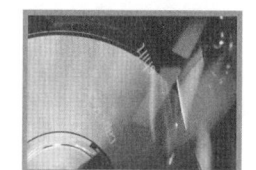

Medien & Software

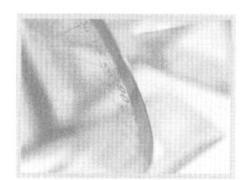

Forschung & Beratung

TRANSFER GmbH
Optimierung von Lehr- und Lernprozessen

Business-Bücher für Erfolg und Karriere — GABAL

Jörg Middendorf
Selbstcoaching in Konflikten
ISBN 978-3-86936-342-4
€ 17,90 (D) / € 18,50 (A)

Bernhard Bauhofer, Michael Neubert
Wie gut ist mein Ruf?
ISBN 978-3-86936-340-0
€ 19,90 (D) / € 20,50 (A)

Chris Brügger, Michael Hartschen, Jiri Scherer
Simplicity.
ISBN 978-3-86936-245-8
€ 19,90 (D) / € 20,50 (A)

Lars Schäfer
Emotionales Verkaufen
ISBN 978-3-86936-339-4
€ 17,90 (D) / € 18,50 (A)

Johannes Stärk
Assessment-Center erfolgreich bestehen
ISBN 978-3-86936-184-0
€ 29,90 (D) / € 30,80 (A)

Johannes Stärk
Erfolgreich im Vorstellungsgespräch und Jobinterview
ISBN 978-3-86936-440-7
€ 19,90 (D) / € 20,50 (A)

Patric P. Kutscher
Stimmtraining
ISBN 978-3-86936-247-2
€ 17,90 (D) / € 18,50 (A)

Thomas Lurz, Jasmin M. Fargel
Auf der Erfolgswelle schwimmen
ISBN 978-3-86936-439-1
€ 19,90 (D) / € 20,50 (A)

Gitte Härter
Nerv nicht!
ISBN 978-3-86936-064-5
€ 17,90 (D) / € 18,50 (A)

Brigitte Seibold
Visualisieren leicht gemacht
ISBN 978-3-86936-341-7
€ 19,90 (D) / € 20,50 (A)

Josef W. Seifert
Visualisieren Präsentieren Moderieren
ISBN 978-3-86936-240-3
€ 19,90 (D) / € 20,50 (A)

Katja Kerschgens
Reden straffen statt Zuhörer strafen
ISBN 978-3-86936-187-1
€ 19,90 (D) / € 20,50 (A)

Weitere Informationen finden Sie unter www.gabal-verlag.de

Management – fundiert und innovativ GABAL

Devora Zack
Networking für Networking-Hasser
ISBN 978-3-86936-333-2
€ 24,90 (D) / € 25,60 (A)

Sylvia Löhken
Leise Menschen – starke Wirkung
ISBN 978-3-86936-327-1
€ 24,90 (D) / € 25,60 (A)

Barbara Schneider
Frauen auf Augenhöhe
ISBN 978-3-86936-427-8
€ 19,90 (D) / € 20,50 (A)

Jumi Vogler
Erfolg lacht!
ISBN 978-3-86936-326-4
€ 19,90 (D) / € 20,50 (A)

Anne M. Schüller
Touchpoints
ISBN 978-3-86936-330-1
€ 29,90 (D) / € 30,80 (A)

Robert Edward Neurohr
Strategien für Herausforderer
ISBN 978-3-86936-434-6
€ 29,90 (D) / € 30,80 (A)

Hermann Scherer
Denken ist dumm
ISBN 978-3-86936-384-4
€ 24,90 (D) / € 25,60 (A)

Steve Kroeger
Die 7 Summits Strategie
ISBN 978-3-86936-229-8
€ 19,90 (D) / € 20,50 (A)

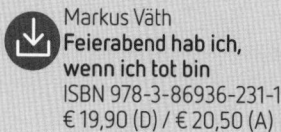

Markus Väth
Feierabend hab ich, wenn ich tot bin
ISBN 978-3-86936-231-1
€ 19,90 (D) / € 20,50 (A)

Weitere Informationen finden Sie unter www.gabal-verlag.de

Unsere Covey-Bestseller GABAL

Bücher

Stephen R. Covey, Jennifer Colosimo
Vom Beruf zur Berufung
ISBN 978-3-86936-172-7
€ 19,90 (D) / € 20,50 (A)

S. M. R. Covey, R. R. Merrill
Schnelligkeit durch Vertrauen
ISBN 978-3-89749-908-9
€ 29,90 (D) / € 30,80 (A)

Stephen R. Covey, Bob Whitman
Führen unter neuen Bedingungen
ISBN 978-3-86936-050-8
€ 19,90 (D) / € 20,50 (A)

Stephen R. Covey
Die 7 Wege zur Effektivität
ISBN 978-3-89749-573-9
€ 24,90 (D) / € 25,60 (A)

Stephen R. Covey
Der 8. Weg
ISBN 978-3-89749-574-6
€ 29,90 (D) / € 30,80 (A)

Stephen R. Covey
Die 7 Wege zur Effektivität Workbook
ISBN 978-3-86936-106-2
€ 19,90 (D) / € 20,50 (A)

Audio

Stephen R. Covey
Die 7 Wege zur Effektivität für Familien
ISBN 978-3-89749-889-1
€ 59,90 (D/A)

Sean Covey
Die 7 Wege zur Effektivität für Jugendliche
ISBN 978-3-89749-825-9
€ 49,90 (D/A)

Stephen R. Covey
Die 7 Wege zur Effektivität für Manager
ISBN 978-3-89749-890-7
€ 29,90 (D/A)

Stephen R. Covey, Stephen M. R. Covey,
Über Vertrauen
ISBN 978-3-86936-093-5
€ 29,90 (D/A)

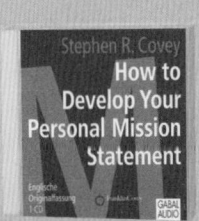

Sean Covey
How to Develop Your Personal Mission Statement
ISBN 978-3-86936-092-8
€ 19,90 (D/A)

Stephen R. Covey
Focus: Achieving Your Highest Priorities
ISBN 978-3-86936-031-7
€ 29,90 (D/A)

Weitere Informationen finden Sie unter www.gabal-verlag.de